영원한 의

The Everlasting Righteousness
or,
How Shall Man be Just with God?

by Horatius Bonar

스코틀랜드 P&R 시리즈는 칼빈의 종교개혁에 이어 1560년 존 녹스(John Knox)가 주도한 스코틀랜드 종교개혁과 그 신앙을 면면히 계승한 언약도, 그리고 자유교회를 지향한 탁월한 신학자 등 영적 위인들의 명저를 소개합니다. 존 녹스, 사무엘 루터포드(Samuel Rutherford), 윌리엄 거스리(William Guthrie), 로버트 트레일(Robert Traill), 토마스 보스톤(Thomas Boston), 토마스 찰머스(Thomas Chalmers), 제임스 배너만(James Bannerman), 존 던컨(John Duncan), 로버트 맥체인(Robert McCheyne), 앤드류 보나르(Andrew Bonar), 호라티우스 보나르(Horatius Bonar), 휴 마틴(Hugh Martin) 등 일일이 열거하기 힘들 만큼 많은 영적 위인들이 스코틀랜드 개혁 신앙의 맥을 이어왔습니다. 오늘날 대중에게 알려지지 않은 것이 안타까울 만큼 신학적으로나 신앙적으로 너무나 탁월하고도 경건한 글들을 접함으로써 조국 교회 사역자들과 성도들이 천상의 잔치에 참여하게 되기를 소망합니다.

영원한 의

호라티우스 보나르 지음 | 신호섭·송용자 옮김

지평서원

| 칭의에 대한 변 |

"우리는 믿음으로 의롭다함을 받았습니다. 의롭다함을 받았기에 우리의 모든 죄는 이미 덮어졌습니다. 하나님께서는 우리를 전가된 의 속에서 보시며, 결코 우리가 범한 죄 속에서 우리를 보시지 않습니다. 전가된 의는 모든 믿는 영혼들의 죄를 덮습니다. 하나님께서는 우리의 죄를 사하심으로써 우리의 죄를 제거하셨습니다. 그리하여 우리의 죄악이 우리의 머리털보다 더 많다 할지라도 의롭다함을 얻고, 마치 우리 안에 불결함으로 인한 아무런 흠도, 아무런 흔적도 없는 자처럼 우리가 자유롭고 깨끗해집니다. 이제 죄가 제거되었기에 우리는 그리스도 안에서 하나님의 의가 되었습니다. 그 어떤 사람도 하나님의 의 안에 있지 않고는 복을 누릴 수 없습니다. 죄가 제거된 모든 사람은 복을 받은 사람입니다. 그러므로 죄가 덮어진 모든 사람은 그리스도 안에서 하나님의 의가 됩니다. 이 의는 우리를 그분 앞에서 가장 거룩하고 가장 순결하며 가장 흠 없는 사람으로 만들어 줍니다."

_리차드 후커(Richard Hooker)의 『유다서 주해』(Jude)에서

"'하나님이 죄를 알지도 못하신 이를 우리를 대신하여 죄로 삼으신 것은 우리로 하여금 그 안에서 하나님의 의가 되게 하려 하심이라'(고후 5:21). 그러므로 우리는 하나님 아버지 앞에서 그분의 아들이신 예수님과 동일한 자들입니다. 이 말이 아무리 어리석고 헛된 소리처럼 들릴지라도 그것은 우리의 위로요, 우리의 지혜입니다. 우리는 인간이 죄를 지었고 하나님이 대신 고난을 받으셨다는 사실, 하나님께서 스스로 인간의 죄가 되셨다는 사실, 인간들이 하나님의 의가 되었다는 사실 외에는 이 세상의 어떠한 지식도 알기를 원하지 않습니다."

_리차드 후커의 『칭의에 대하여』(Justification)에서

리차드 후커(Richard Hooker, 1554-1600)는 독특한 영국 국교회 신학을 주창한 영국의 신학자로, 영어 산문과 법철학의 대가입니다. 미완성으로 남은 걸작 『교회 정치법에 관하여』(Of the lawes of ecclesiastical politie)에서 그는 로마 가톨릭과 청교도에 맞서 영국 국교회를 변호하고, '쉽게 끊어지지 않는 삼겹줄' 즉, 성경·교회·이성(理性)이 영국 국교회의 전승이라고 주장했습니다.

:: 차례

- 추천의 글 _박순용 목사 · 8
- 지은이 머리말 · 12

1장 "인간이 어떻게 하나님으로 의로워질 수 있는가?"라는 사람의 질문에 대한 하나님의 대답 · 21

2장 하나님이 인정하시는 대속 · 35

3장 대속의 완전성 · 49

4장 온전함에 대한 선언 · 71

5장 불의한 자를 위한 의 · 93

6장 우리의 것으로 간주된 하나님의 의 · 109

7장 그리스도로 말미암는 구원 · 135

8장 그리스도의 부활 · 155

9장 죄 사함과 평강에 대한 확신 · 173

10장 의롭다하심을 얻은 자의 거룩한 삶 · 209

| 추천의 글 |

우리에게 옮겨진 영원한 의

박순용 목사

호라티우스 보나르(Horatius Bonar)의 책을 접해 본 사람들이라면 그의 글 속에 깊이 배어 있는 생기와 감동을 잘 알 것입니다. 그가 남긴 글 중에서 어느 것을 읽어도 그런 감흥을 금방 느끼게 됩니다. 물론 그는 오늘날 인기 있는 그리스도인 저자들처럼 글을 쓰는 사람이 아니었습니다. 그러나 그가 복음의 능력과 생기로 충만했기 때문에 그가 남긴 글 속에서 우리는 금방 '살아 있는 글,' '이지적인' 자극을 넘어 우리의 심령을 만지는 감동과 도전을 얻게 됩니다.

오늘날 많은 사람들이 "이 시대에는 복음을 전하는 사역자가 없다"라고 말합니다. 이 말은 아마도 선교 단체들이 복음을 전해 줄 사역자들을 찾으면서 나온 말인 듯합니다. 어쨌든 있어서는 안 되는 일이 현실이 되어 간다는 것은 비극이 아닐 수 없습니다. 바로 그런 우리의 현실에 복음을 생기 있게 전하는 한 사역자의 글이 여기 있습니다.

 이 글은 우리 시대와 비슷하게 복음의 능력보다는 인기 있는 주제들로 강단이 장식되고 체험 중심으로 치우치고 있을 때, 균형을 갖춘 한 사역자의 증언을 엿보게 합니다. 소위 케즈윅(Keswick) 사경회의 영향으로 인하여 '체험(Second Blessing)'을 우선시하는 기조 속에서 그 사역자가 균형을 잡고 서 있는 것입니다.

 그는 순수한 복음을 전하는 것이 경시되는 시대 속에서 복음을 크게 외침으로써 '구원을 주시는 하나님의 능력'을 그 누구보다도 크게 보고 경험하였습니다. 바로 그런 그의 사역에 근간이 된 복음, 그의 마음을 뜨겁게 하고 그의 메시지의 중심이 되었던 복음의 진수를 우리는 이 책을 통하여 엿볼 수 있습니다.

 호라티우스 보나르는 이 책에서 예수 그리스도를 믿는 사람들에게 영원한 의가 있다고 외치고 있습니다. 당신은 이 외침을 알고 있습니까? 그리고 이 외침의 내용을 소유하고 있습니까? 그리고 그것으로 인한 영혼의 자유와 기쁨, 우러나오는 헌신과 거룩에 대한 열망을 가지고 있습니까? 이 모든 것의 대답이 될 내용을 호라티우스 보나르는 이 책에서 말하고 있습니다.

 이 책은 "인간이 어떻게 하나님으로 의로워질 수 있는가?"라는 난해한 질문에 대한, 하나님의 명쾌한 응답을 담고 있습니다. 예수 그리스도의 십자가 보혈이 어떻게 죄인들의 대속으로 인정될 수 있습니까? 그리스도께서 십자가 위에서 마지막으로 남기신 "다 이루었다"(요 19:30)

라는 말씀은 무엇을 '다 이루었다'는 말씀입니까? 그것은 그리스도의 대속의 죽음이 죄인들을 하나님 앞에서 제사적으로 온전하게, 그리고 법적으로 의롭게 여김을 받도록 하는 일을 '다 이루셨다'는 것임을 저자는 이 책에서 생동감 있게 귀띔합니다.

죄인 된 인간의 대리자로서 죽임 당하신 그리스도는, 그의 거룩한 죽음으로 의롭다함을 받은 우리에게 "의롭게 된 자들아, 거룩한 삶을 살라"라고 간곡하게 말씀하고 계시다고 저자는 전합니다. 저자는 그리스도를 믿는 우리에게, 아니 나에게 예수 그리스도께서 주신 '영원한 의'가 있다는 사실을 잠시도 잊지 말라고 정감 어린 속삭임으로 말합니다.

무엇이 복음의 진수인지를 알고자 하는 사람, 그리고 자신의 신앙과 삶이 분명한 복음 위에 서 있는지를 확인하고자 하는 사람들, 그리고 더 나아가 복음의 기초 위에서 더욱 풍성하고도 견고한 신앙과 삶을 세우기를 원하는 사람들은 이 책을 통해 큰 유익을 얻게 될 것이라고 확신합니다. 이 책을 통해 조국 교회가 복음으로 돌아가게 되기를 소원합니다.

박순용(朴淳用) 목사는 총신대 신학과를 거쳐 동대학 신학대학원을 졸업한 후, 영국 Free Church College of Edinburgh와 The Evangelical Theological College of Wales에서 영국의 18세기 부흥과 청교도를 연구했습니다. 그 후 호주 퍼스(Perth) 한인장로교회에서 담임목회를 하다가 귀국하여 현재 서울 강동구 암사동에 위치한 하늘영광교회를 담임하고 있습니다.

| 지은이 머리말 |

의롭게 하는 믿음은
세상을 이기게 합니다

호라티우스 보나르
(Horatius Bonar)

  16세기의 각성한 '양심'은 전심을 다해 '하나님의 의'를 의지했습니다. 하나님의 의를 의지하면서 그들은 정죄와 경건하지 못한 것으로부터 즉시 피할 수 있는 피난처를 발견했습니다. 그 정죄와 경건하지 못한 것은 오직 '의'를 통해서만 가라앉히고 해결될 수 있습니다. 오직 하나님의 의가 아니고서는 이것을 해결할 다른 방법이 없습니다.

  우리는 이 '의'를 십자가에서 찾을 수 있습니다. 이 의는 인간적인 동시에 신적입니다. 하나님이 양심의 구원과 생명의 칭의를 위해 인간에게 이 의를 제공하셨습니다. 천국의 안식처와 같은 한마디, "다 이루었다"(요 19:30)라는 말씀을 통해 지친 영혼들은 드디어 정착하고 새 힘을 얻습니다. 십자가에서부터 흘러나오는 음성은 무엇을 하라고 그들을 부르시는 것이 아니라 이미 행해진 것으로 인하여 만족함을 얻으라고 그들을 부르십니다. 수많은 상한 심령들이 그곳에서 치유와 평안을 찾습니다.

이미 다 이루신 역사에 대한 믿음은 죄인을 하나님의 은총으로 데려갑니다. 이제 그는 그것에 대하여 조금도 의심하지 않습니다. 의롭게 하시는 갈보리의 역사는 죄 사함을 가져올 뿐만 아니라 확실한 안전을 보장하는 하나님의 방법이었습니다. 그것은 인간을 위해 하나님께서 제시하신 유일하고도 완벽한 방법이었습니다. 그 완벽함이 너무나 독특하고 특별해서 인간은 하나님과의 계약 속에서 마치 그것을 자신의 것인 양 사용합니다.

이 확실한 칭의에 대한 지식이 바로 수많은 사람들을 사망에서 구원하는 생명이었습니다. 아펜니노(Apennine) 산맥에서 그램피언(Grampian) 산맥에 이르기까지, 피레네(Pyrenee) 산맥에서 카르파티아(Carpathian) 산맥에 이르기까지 전 유럽에, 인간이 값없이 의롭다하심을 얻을 수 있으며 하나님께서 인간이 의롭게 되었음을 알리고 싶어하신다는 기쁜 소식이 퍼져 나갔습니다.

그것은 첫째로 영적인 건강함의 진정한 원천, 즉 인간의 양심이 하나님으로 의롭게 되는 것에 대하여, 둘째로 영적인 건강함을 유지하는 것, 즉 양심을 의로운 상태로 계속 유지하는 것에 대하여 인간의 이성을 위한 새로운 사고를 제시해 주었을 뿐만 아니라 인간의 영혼을 위한 새로운 발견, 그 자체가 되었습니다.

그로 인한 열매는 개인의 건강한 신앙뿐만 아니라 새롭게 된 지성과 고결한 문학, 그리고 무엇보다도 순전한 예배로 나타났습니다. 그것은 곧 부활의 시대를 의미했습니다. 무덤이 열리고, 죽은 자들의 모임이 산 자들의 교회가 되었습니다. 기독교가 각성했으며, 다시 살아났습니다. 부활의 이슬이 먼 곳까지 널리, 고루 임하였습니다. 그리고 그 이슬은 지금도 여전히 그치지 않고 계속 내리고 있습니다.

수년 동안 기독교는 소란과 혼란 속에 엎드려 있었으며, 이교도적인 의식 아래 억눌려 있었습니다. 기독교는 이미 죽은 것은 아니라 할지라도 거의 죽기 일보 직전이었습니다. 어느 정도 우상 숭배적인 사제들에 의해 손과 발이 묶여 있었으며, 세상을 회개하게 만들기 위하여 보내심을 받은 본래의 목적을 위해 아무것도 할 수가 없었습니다. 그러나 이제 '땅에서 들려서 사람처럼 두 발로 서게 함을 받았으며, 또 사람의 마음을 받은' 시대가 되었습니다(단 7:4 참고).

새로운 양심이 싹트기 시작했습니다. 그리고 새로운 양심과 더불어 사도시대 이후로는 전혀 찾아볼 수 없었던 새로운 생명과 능력이 임하였습니다.

우리를 의롭다 하시기 위하여 하나님 앞에서 다른 이의 의가 우리에게 전가된다는 교리는, 1세기의 사도들과 16세기의 종교개혁자들을 하나로 이어 주는 연결 고리 중 하나입니다. 종교개혁의 신조는 15세기라는 시간의 간격을 뛰어넘어 단번에 우리를 로마서의 세계로 인도해 갑니다. 인간에게 필요한 것은 법적이며 도덕적인 정결함이었습니다. 이 로마서를 통해 우리는 전가된 의와 본성적 의를 동시에 소유하게 됩니다. 전가된 의는 본성적 의의 뿌리요, 근간입니다. 그러나 본성적 의가 없다면 전가된 의도 존재할 이유가 없습니다. 이 두 가지는 불가분리의 관계에 있으면서 각각의 질서 속에 존재합니다.

비단 루터(Martin Luther)만이 "오직 의인은 믿음으로 말미암아 살리라"(롬 1:17)라는 오래된 표어를 들고 외치며 하나님을 향한 선한 양심에 대한 응답을 발견한 것이 아니었습니다. 그것은 수천 명의 마음속에서 하늘로부터 내려오는 음성으로 다가왔으며, 그들은 그것이 어떻게 그렇게 되었는지를 알지 못했습니다. 위로부터 비춰 오는 햇살이 이 위대한 말씀에 임했습니다. 이 말씀은 그 시대에 가장 필요한 것이었습니다. 사람들은 진리가 이렇듯 초자연적으로 밝히 드러난다는 것을 깨달았습니다.

"나라들은 네 빛으로, 왕들은 비치는 네 광명으로 나아오리라"(사 60:3).

그 시대의 구도자들은 각자가 얻은 바를 서로 나누지 않았는데도 공통적으로 이 진리와 이 말씀에 집중하였습니다. 유럽의 모든 왕국에서 동일한 음성이 들려왔습니다. 그리고 모든 개신교도들의 신앙고백 역시 각성한 기독교를 만장일치로 증언했습니다. 오랜 세월 동안 간절히 필요했던, 그러나 오랫동안 잃어버렸던 진리를 되찾은 것입니다. 그들이 외친 '유레카(Eureka)'[1]는 발견을 선포하는 기쁨의 함성이었습니다.

---

1) 역자주 – 고대 그리스의 수학자이자 물리학자인 아르키메디스(Archimedes, B.C.287?–212)가 금관을 감정하기 위해 고심하던 중, 우연히 목욕탕에서 부력(浮力)의 원리를 발견하고는 '유레카!'라고 외쳤습니다.

우리의 조상들은 이 진리가 참으로 영적인 모든 삶의 기본이 된다는 것을 깨달았습니다. 피상적이고 어두우며 연약한 이류급의 신앙생활은, 깊지도 않고 넓지도 않은 기초적인 신앙만으로도 가능할지 모릅니다. 그러나 건강하고 고상하며 담대하고 행복하며 성공적인 신앙생활은 반드시 이 진리에 기반을 두어야 합니다.

"오직 의인은 믿음으로 말미암아 살리라"(롬 1:17).

우리 시대에 신앙은 사교계의 유행이 되어 버렸습니다. 이것이 암흑의 수세기를 지난 후 유럽에 있는 우리 조상들 가운데서 솟아난 신앙입니까? 이것이 사도와 선지자들의 신앙입니까? 다른 시대에 그토록 위대한 역사들을 가능하게 한, 잠잠하지만 온전했던 바로 그 신앙입니까? 이 신앙이 양심 깊숙한 곳까지 이릅니까? 마음을 가득 채웁니까? 인간의 마음을 변화시킵니까? 아니면 어느 정도의 외적인 종교적 장치들을 제외하고는 양심을 만족시키지도 않고 마음을 채우지도 않은 상태로 내버려 둡니까? 그런 신앙은 단지 인간을 이전과 동일하게 공허한 상태로 만들 뿐입니다.

지금 이 순간에도 이 공허함을 통렬하게 자각하며 고통스러워하는 수많은 영혼들이 있습니다. 교리나 고백, 다른 이들의 좋은 신앙이나 분주히 돌아가는 사역들은 그들의 상한 영혼을 결코 채워 주지 못합니다. 하나님이신 그리스도께서 함께하셔서 그분의 의가 그들을 덮고 그분의 보혈이 깨끗하게 하며 그분의 영이 영혼을 소생시켜야만 그들의 영혼이 풍성해집니다. 그렇지 않다면 신앙은 단지 껍데기에 불과할 뿐이며, 거룩한 예배는 지루하고도 신물 나는 행사에 불과할 뿐입니다. 이것이 없이는 예배의 본질이자 생명인 하나님 안에 있는 기쁨을 결코 알 수 없기 때문입니다. 각종 성례와 기도 모임들, 예배 의식들과 선행의 수고들은 결코 살아 계신 하나님을 대신할 수 없습니다.

스스로 기만당하지 않고 각자의 상급을 받기 위해서는 우리 시대의 신앙생활에 진실하지 못한 것이 얼마나 많이 있는지를 스스로 점검해 보아야 합니다. 진실하지 못한 모든 것은 지루하게 만드는 것일 뿐만 아니라 연약한 부분입니다. 우리가 그 진실하지 못한 것으로부터 더 빨리 벗어나면 벗어날수록 평안과 유익을 더 많이 누리게 될 것입니다.

'하나님의 의'라는 루터의 기반 위에 두 발을 견고하게 딛고 서 있는 사람들은, 성령으로 충만하고 하나님의 평안으로 변화되어 교회 안에서 위대한 일들을 감당합니다. 그러나 그렇지 못한 사람들은 작은 일조차도 감당하지 못합니다.

영적으로 건강하고 튼튼한 사람은 바로 루터처럼 하나님의 자녀로서의 신분을 확신하는 사람들입니다. 그들은 어떤 싸움에서도 뒤로 물러서지 않으며, 어떤 고난에도 지치지 않습니다. 하나님과의 관계를 확신하지 못하는 사람들은 전쟁터에서 싸움을 포기하고 도망쳐 버리며, 힘겨운 수고로 지쳐 버립니다. 비록 그들의 삶이 실패나 패배에까지 이르지는 않을지도 모르지만, 그것은 승리도 아니며, 성공도 아닙니다.

"우리가 육신으로 행하나 육신에 따라 싸우지 아니하노니, 우리의 싸우는 무기는 육신에 속한 것이 아니요"(고후 10:3,4).

우리의 싸움은 옛사람들의 싸우는 방식을 그대로 답습하는 것이 아닙니다. 우리의 싸움은 '믿음의 선한 싸움'(딤전 6:12)입니다. 우리가 구원받은 것은 의심이 아니라 믿음으로 말미암습니다. 우리가 승리하는 것 역시 의심이 아니라 믿음으로 말미암습니다.

믿음은 무엇보다 먼저 우리로 하여금 아벨과 같이 하나님께 '더 나은 제사'(히 11:4)를 드리도록 인도합니다. 믿음으로 우리는 우르와 애굽과 바벨론을 떠나 '더 나은 본향'(히 11:16), 영원한 본향을 바라봅니다. 믿음으로 우리는 이삭을 드리고(히 11:17 참고), 지팡이 머리에 의지하여 경배하며(히 11:21 참고), 자기 뼈를 위하여 명합니다(히 11:22 참고). 믿음으로 우리는 잠시 죄악의 낙을 누리는 것보다 도리어 하나님의 백성과 함께 고난받기를 더 좋아합니다(히 11:25 참고).

믿음으로 우리는 유월절과 피 뿌리는 예를 정하였고(히 11:28 참고), 홍해를 육지같이 건넜으며(히 11:29 참고), 믿음으로 칠 일 동안 여리고를 도니 성이 무너졌고(히 11:30 참고), 믿음으로 나라들을 이기기도 하며 의를 행하기도 하며 사자들의 입을 막기도 하며(히 11:33 참고), 불의 세력을 멸하기도 하며 칼날을 피하기도 하며 이방 사람들의 진을 물리치기도 하며(히 11:34 참고), 더 좋은 부활을 얻고자 하여 심한 고문을 받되 구차히 풀려나기를 원하지 않습니다(히 11:35 참고).

처음부터 끝까지 '믿음'으로 행합니다. 우리는 믿음으로 출발해서 믿음으로 앞으로 나아가고 믿음으로 끝을 맺습니다. '의롭다 하는' 믿음은 '세상을 이기는' 믿음입니다(요일 5:4 참고). 믿음으로 우리는 하나님과 인간으로부터 '증거'를 얻습니다(히 11:2 참고). 믿음으로 우리는 죄 사함을 얻습니다(행 10:43 참고). 믿음으로 우리는 살아가고 일하고 견뎌 내며 고난을 감당합니다. 믿음으로 우리는 우리의 의가 되시는 그분께서 나타나시는 그날에 우리의 것이 될 의의 면류관을 얻습니다(딤후 4:8 참고).

1872년 11월,
에든버러 저택에서.

1장

"인간이 어떻게 하나님으로 의로워질 수 있는가?"라는
사람의 질문에 대한 하나님의 대답

"죄인인 내가 어떻게 전혀 죄가 없으신 하나님께 가까이 나아가 평안 가운데 하나님의 얼굴을 바라볼 수 있습니까?"

이것은 시시때때로 우리 모두가 던지는 위대한 질문입니다. 그리고 이것은 모든 시대의 인간이 그 해결책을 찾으려고 시도해 온 가장 어려운 문제 중 하나입니다. 어느 누구도 그것을 피해 갈 수는 없습니다. 인간은 반드시 이 문제에 직면해야만 합니다.

그러나 우리는 이 질문에 대한 사람의 대답이 철저하게 과녁을 빗나간다는 사실을 발견하게 될 뿐입니다. 뜨거운 열정과 간절함으로 이 질문을 해결해 보려고 시도하지만, 우리는 이 질문의 중요성을 진정으로 깨닫지 못하고, 자신과 하나님 사이를 막고 있는 장벽인 악한 세력의 적의에 찬 특징을 분별하지 못합니다. 그래서 우리는 이런 결과를 얻을 수밖에 없습니다.

악한 세력이 침범해 들어온 이후로 인류를 당혹하게 만든 이 질문에 대하여 사람이 제시한 바 정교하고도 세밀한 많은 대답들은 결코 이 질문을 만족시키지 못합니다. 죄에 대하여 인간이 가지고 있는 생각이 얼마나 피상적인지를 깨닫는다면, 이것은 전혀 놀랄 일이 아닙니다. 인간은 자기 자신을 너무나 높게 평가합니다. 그러나 하나님에 대해서는 저급하기 짝이 없습니다.

인간은 하나님께서 이 질문에 대답하고 문제를 해결하기 위해 중재자로서 개입하실 때에도 하나님의 말씀 안에서 주어진 그분의 해결책을 받아들이는 데 너무나 느리고 둔합니다. 이것은 인간이 참으로 가르치기 어렵고 납득하기 어려운, 자기 고집으로 가득 찬 존재임을 잘 보여 줍니다. 인간은 대적하고 싸우겠다고 공언하는 악한 세력에 대하여 분별력이 거의 없으며, 자신의 내면에서 일어나고 있는 영적 황폐함에 대하여 거의 무지합니다. 인간은 하나님의 법과 의가 어떤 것인지에 대하여 단지 막연하고 모호한 개념만을 가지고 있습니다. 그리고 율법의 수여자요 심판자이신 하나님이 어떤 분이신지에 대하여 불쌍할 정도로 무지하며, 영원한 거룩함과 진리의 가치를 제대로 깨닫지 못합니다. 인간이 이 문제에 대하여 자기 자신의 이론을 내세우기 위해 제시해 온 것은 전혀 이해할 수 없는 것들뿐입니다.

인간은 항상 죄를 범죄가 아니라 불운한 것으로, 죄가 아니라 병으로, 심판자가 다루어야 할 문제가 아니라 의사가 다루어야 할 문제로 취급해 왔습니다. 바로 여기에 단지 인간적이기만 한 모든 종교와 신학의 본질적인 결함이 있습니다. 그들은 진정한 해결책이 걸려 있는 이 질문의 사법적인 국면을 깨닫지 못했습니다. 또 진정한 해결책이나 그에 가까운 것이 도출되기 위해서는 그 전에 그 죄책과 악인의 범죄 행위가 다루어져야 한다는 사실을 인식하지 못했습니다.

하나님은 아버지이십니다. 그러나 하나님은 또한 분명히 심판자이십니다. 심판자이신 하나님이 아버지로서의 하나님께 그 권한을 양보하셔야 할까요? 아니면 아버지이신 하나님이 심판자로서의 하나님께 자신의 권한을 양보하셔야 할까요?

하나님은 죄인을 사랑하십니다. 그러나 죄는 미워하십니다. 과연 하나님이 죄를 향한 혐오로 인해 죄인들을 향한 자신의 사랑을 포기하셔야 할까요? 아니면 죄인들을 향한 자신의 사랑으로 인하여 죄에 대한 미움을 굴복시키셔야 할까요?

하나님께서는 "나의 삶을 두고 맹세하노니, 나는 악인이 죽는 것을 기뻐하지 아니하고"(겔 33:11)라고 말씀하셨습니다. 그러나 하나님은 또한 "범죄하는 그 영혼은 죽으리라"(겔 18:4)라고 선언하셨습니다. 이 두 가지 맹세 중 어느 것이 지켜져야 합니까? 어느 한쪽이 다른 쪽에게 양보해야 합니까? 아니면 두 가지가 서로 침해하지 않고 모두 지켜질 수 있을까요? 너무나 명백해 보이는 모순이 서로 조화될 수 있을까요? 긍휼의 맹세와 공의의 맹세 중 어느 것이 더 변할 수 없고 변경할 수 없는 것일까요?

율법과 사랑은 반드시 서로 화목해야 합니다. 그렇지 않으면 죄인과 거룩하신 하나님의 교제에 대한 이 위대한 질문은 결코 해결되지 않을 것입니다. 어느 한쪽이 다른 한쪽에게 양보할 수는 없습니다. 두 가지 다 반드시 지켜져야 합니다. 그렇지 않으면 우주의 기둥이 송두리째 흔들릴 것입니다.

인간은 자주 율법과 사랑의 화목을 이루려고 시도해 왔습니다. 항상 이 문제의 어려움을 보았기 때문입니다. 그러나 인간은 그 일에 실패했습니다. 모든 노력과 수고는 항상 율법이 사랑에 굴복하는 방향으로 흘러갈 뿐이었습니다.

그런데 하나님께서 이러한 화목을 성취하셨습니다. 그리고 그 안에서 율법과 사랑이 모두 승리를 거두었습니다. 어느 한쪽도 다른 한쪽에게 양보하지 않았습니다. 율법과 사랑이 각각 그 위치를 지켰습니다. 아니, 각각 영광과 존귀 속에서 모든 갈등으로부터 자유롭게 되었습니다. 하나님의 사랑과 같은 사랑은 그 어디에서도 결코 찾아볼 수 없습니다. 그 사랑은 너무나 넓고 높으며, 너무나 강렬하고 자기희생적입니다. 또한 율법은 너무나 순결하고 넓고 영광스럽고 철저합니다.

거기에는 타협이 전혀 없었습니다. 율법과 사랑은 둘 다 각자의 온전한 영역 가운데 있었습니다. 어느 한쪽이 다른 쪽에 조금도 굴복하지 않았습니다. 그 둘은 온전히 만족되었습니다. 율법의 엄격함과 사랑의 자비로움이 온전히 충만하였으며 충족되었습니다. 이 결합을 통해 사랑과 율법은 더 이상 진실할 수 없을 만큼 진실한 사랑과 율법이 되었습니다. 그것은 전혀 타협하지 않고서 화목을 이루었습니다. 하나님의 존귀하심이 지켜졌을 뿐만 아니라 인간의 유익도 전혀 희생당하지 않았습니다.

하나님께서는 그 일을 온전히 행하셨습니다. 그리고 그 일을 효과적으로, 결코 변경할 수 없게 행하셨습니다.

설사 인간이 그 방법을 생각해 낼 수 있었다고 할지라도, 인간은 결코 그 일을 행할 수 없었을 것입니다. 사실 인간은 그 어떤 일도 할 수 없습니다. 오직 하나님만이 그 일을 생각해 내실 수 있고, 그 일을 행하실 수 있습니다.

하나님은 의의 기초 위에서 사건이 해결될 수 있도록 이 소송 전체를 자신의 법정으로 옮겨와 그 일을 행하셨습니다. 인간이 분명히 패소할 것이라는 사실은 차치하더라도, 인간은 결코 이 사건을 법정으로 가져갈 수 없었습니다. 하나님께서는 의의 원칙 위에서, 그리고 합법적인 방법으로 이 사건을 인간에게도 유익하고 하나님께도 유익하게 해결하시고자 인간과 인간의 소송 사건을 모두 가지고 법정으로 들어오십니다. 바로 이 사건의 사법적 해결이, "인간이 어떻게 하나님으로 의로워질 수 있는가?" "내가 무엇을 가지고 여호와 앞에 나아가며 높으신 하나님께 경배할까?"(미 6:6)라는 질문과 같이 인간이 그토록 오랫동안 해결하지 못한 난제에 대하여 하나님이 베푸신 유일하고도 최종적인 해결책입니다.

하나님께서 화목의 기초를 제공하셨습니다. 그것은 율법과 사랑 사이의 타협이 아니라 그 둘을 온전히 표현해 주는 토대입니다. 그것은 율법의 수여자이자 우리의 아버지로서 여호와 하나님의 권위와 그분의 아버지 되심을 모두 세워 줍니다. 또한 극악한 죄성과 흠 없이 순결한 율례, 하나님께서 다스리는 변하지 않는 규례를 무한한 두려움 속에서 드러냅니다. 그 기초는 타락한 아담의 후손들에 대한 하나님의 무한하신 사랑이 율법 속에서, 그리고 율법에 의해서 의롭게 흘러넘치는 것을 보장해 줍니다.

하나님께서는 율법과 사랑에 대한 화목의 기초를 제공하셨을 뿐만 아니라, 이 기초 위에서 하나님과 죄인 사이의 모든 질문들과 문제들을 해결할 것을 죄인에게 제안하시며 자신의 법정으로 그것들을 가지고 오셨습니다. 그 기초는 너무나 공평하고 다정하며 안전합니다. 그리하여 법적으로 해결되고 합법적인 절차에 따라 피고에게 유리한 판결이 내려지며, 죄를 깨끗이 용서받습니다.

"또 모세의 율법으로 너희가 의롭다하심을 얻지 못하던 모든 일에도 이 사람을 힘입어 믿는 자마다 의롭다하심을 얻는 이것이라"(행 13:39).

법정에서는 이 기초를 받아들인다는 양 당사자의 동의가 요구됩니다. 율법은 동의합니다. 율법의 수여자도 동의합니다. 성부, 성자, 성령께서 동의하십니다. 그리고 주요 당사자인 인간도 동의할 것을 요구받습니다. 인간이 이에 동의하면 모든 문제가 해결됩니다. 판결이 그의 손을 들어 줄 것이며, 그는 승리의 기쁨 속에서 이렇게 말할 것입니다.

"누가 능히 하나님께서 택하신 자들을 고발하리요 의롭다 하신 이는 하나님이시니 누가 정죄하리요"(롬 8:33,34).

죄는 인간이 다루기에는 너무나 큰 악입니다. 죄를 제거하려는 인간의 시도는 오히려 죄를 더욱 증가시키는 결과만 낳을 뿐입니다. 인간이 하나님께 가까이 나아가려고 수고하더라도 오히려 인간의 죄책만을 더욱 악화시킬 뿐입니다. 오직 하나님만이 죄를, 병으로든 범죄로든 그분 자신에게 불명예스러운 것으로든, 그분께로 가까이 나아가려는 인간의 모든 시도를 막는 분으로 다루실 수 있습니다.

하나님은 단순히 의지나 능력을 시험해 봄으로써 행하는 어떤 약식의 자의적인 방법이 아니라 자신의 법정으로 죄를 가지고와 판결하십니다. 하나님은 재판장으로서 판사석에 앉아 소송 사건을 처리하십니다. 그리고 그분께서 제안하시는 기초에 동의하는 이 땅의 모든 죄인들에게 유리하게끔 그것을 해결하십니다.

모든 죄인들은 이 법정 안으로 자유롭게 들어옵니다. 그러고는 자신과 하나님 사이에 존재하는 위대한 질문을 조정해야 하는 죄인의 자리에 섭니다. 그 조정은 불확실하거나 어려운 문제가 결코 아닙니다. 그것은 원하는 사람 모두에게 곧바로 주어질 것입니다. 죄를 지은 인간은 이 소송 사건에서 자신의 악함과는 상관없이 자신의 짐이 덜어지고 두려움이 사라지며 자신이 결코 다시는 죄에 대하여 답변하도록 요구받지 않을 것이라는 확신 속에서 법적인 해결을 받고 법정에서 물러나옵니다. 하나님을 죄인과, 그리고 죄인을 하나님과 화목하게 만든 것은 바로 이 '의'입니다.

하나님을 제외한 모든 인간에게 죄가 결코 다룰 수 없는 커다란 악인 것처럼, 의는 인간이 도달하기에는 너무나 높은 곳에 있습니다. 그것이 얼마나 높이 있는지, 하나님이 아니고서는 어느 누구도 그것을 마음대로 할 수 있는 위치로 끌어내릴 수가 없습니다. 그런데 하나님께서 그 의를 끌어내려 우리 가까이로 가지고 오셨습니다. 그리하여 죄에 빠져 있는 우리가 하나님께서 제공하신 의와 만나게 됩니다. 그리고 이 새로운 관계로 말미암아 우리가 다룰 수 있는 위치에 의가 놓여집니다. 이것은 죄의 결과로 우리에게 일어난 바 하나님과의 교제가 단절된 것을 단순히 바꾸는 것 이상의 결과를 낳습니다.

그렇다면 정말로 내가 하나님께로 가까이 나아가는데도 죽지 않을 수 있다는 말입니까? 내가 그분께 가까이 나아가도 살 수 있다는 말입니까? 내가 죄를 미워하시는 그분께로 나아갈 때 그분이 미워하시는 죄가 더 이상 내가 그분께로 나아가는 것을 가로막는 장벽이 되지 않으며, 내가 정결하지 못하여 그분의 임재로부터 쫓겨날 이유가 더 이상 없음을 발견하게 된다는 말입니까? 내가 나를 만드신 분, 자기를 위하여 나를 창조하신 분과의 단절된 교제를 다시 새롭게 할 수 있다는 말입니까? 나 자신이 안전하게 거하는 동시에 그분의 영광과 존귀함 역시 전혀 손상되지 않고 내가 그분의 거룩한 처소에서 예배할 수가 있다는 말입니까?

하나님께서 이러한 질문들에 대해 다루시고 복된 대답을 보장해 주셨습니다. 그 대답은 하나님의 거룩한 법을 만족시킬 뿐만 아니라 상하고 고통받는 우리의 양심을 만족시켜 줄 것입니다. 그분의 대답은 최종적이며 효과적입니다. 하나님은 다른 것을 주시지 않을 것입니다. 또한 그분은 이미 행하신 것이 아닌 다른 방법으로 이러한 질문들을 다루시지도 않을 것입니다. 그분은 이 질문들을 자신의 법정으로 가지고 오셔서 그곳에서 최종적으로 조정하십니다.

하나님께서 자신의 법정으로 가지고 오신 이 질문들을 어느 누가 다시 가지고 나갈 수 있겠습니까? 설령 그렇게 다시 가지고 나가는 것이 가능하다 해도 그것이 우리에게 무슨 유익이 있습니까? 그렇게 하는 것이 문제를 더 쉽고 유쾌하며 확실하게 해결해 줍니까? 결코 그렇지 않습니다. 오히려 불확실함을 가중시키며 당혹감과 불안감을 증폭시켜 우리를 철저히 소망 없는 상태로 만들 뿐입니다.

그러나 오늘날의 사상과 신학은 이러한 질문들에 대한 법적인 해결을 거부하려는 경향을 나타냅니다. 하나님께서 자신의 법정으로 가지고 오신 그 질문들을 다시 가지고 나가려고 합니다. 그러고는 또 다른 법적 조정을 시도하려고 합니다. 인간은 자신을 율법의 범주 안으로 끌어들이는 죄를 받아들이려 하지 않으며, 거룩한 법정에서 해결되어야 할 죄의 본성을 인정하려 하지 않습니다. 그러면서도 인간은 인류를 고통스럽게 만든 악이 제거되어야 한다는, 아니 그것이 제거되지는 않는다 할지라도 적어도 오래지 않아 녹아 사라져야만 한다는 필요성과 갈망을 인정합니다.

죄악의 역사가 6천 년간 지속되어 왔는데도 인간은 그것을 잊은 채 살아왔습니다. 인간은 역사에 기록된 죄에 관한 교훈을, 그리고 하나님께서 죄인들을 기뻐하시지 않는다는 두려운 교훈을 읽으려 하지 않습니다. 인간은 단 하나의 죄로부터 흘러나오기 시작한 악의 홍수를 망각의 저편으로 보냈습니다. 죽음, 어둠, 슬픔, 질병, 눈물, 힘겨움, 광기, 혼란, 피 흘림, 인간과 인간 간의 격렬한 증오는 이 땅을 지옥의 언저리로 만들어 버렸습니다. 그리하여 이 모든 것들이 간과되고 곡해되었으며, 인간은 하나님께서 결코 좋아하시지 않을 뿐 아니라 그분의 의로우심 속에서 반드시 심판하고 보수하셔야만 하는 죄에 대한 생각 자체를 몰아냈습니다.

인간들이 생각하듯이 죄가 표면적인 것에 불과하며 그토록 가볍고 대수롭지 않은 것이라면, 이토록 오랜 슬픈 이야기가 왜 그렇게 중요하겠습니까? 우리가 사랑한 사람들이 묻혀 있는 수천 개의 무덤들이 더 어두운 이야기를 우리에게 전하고 있지 않습니까? 수백만의 상한 심령들과 무거운 눈빛들이 죄가 단지 가볍고 하찮은 것에 불과하다고 말하고 있습니까? 병원에서 흘러나오는 통곡 소리와 전쟁터의 대학살, 피로 물든 칼과 죽음을 부르는 대포가, 죄는 단지 우연히 일어난 불행한 사건일 뿐이며 인간의 마음은 본래 선하다고 주장합니까? 지진과 화산 폭발, 태풍과 폭풍이 죄의 절망적인 악함에 대하여 아무것도 말하고 있지 않습니까?

인간의 고통 가운데 있는 머리와 텅 빈 가슴, 무겁게 짓눌려 있는 영혼, 그림자가 드리워진 이마, 지쳐서 더 이상 아무것도 떠오르지 않는 생각, 비틀거리는 팔과 다리, 이 모든 것들이 죄는 악이요 반드시 심판을 받아야 한다고 말하고 있지 않습니까? 이 모든 것들이 단순히 '자연의 법'을 어겼기 때문이 아니라 "범죄하는 그 영혼은 죽을지라"(겔 18:20)라는 진리, 곧 결코 변경할 수 없는 진리가 들어 있는 영원한 율법을 어겼기 때문에 만물의 심판자에게 반드시 심판받아야만 한다고 확실하고도 분명한 목소리로 말하고 있지 않습니까? 율법이 없이는 죄는 아무것도 아닙니다.

"죄의 권능은 율법이라"(고전 15:56).

죄를 가볍게 여기는 사람은 반드시 도덕적 혼란과 부정을 옹호해야만 합니다. 그리고 죄를 악으로 간주하지 않으려는 사람은 반드시 우주의 법을 없애거나 어리석음과 부정을 만물의 심판자의 탓으로 돌려야만 합니다.

세상은 죄 속에서 자라고 죄에 익숙해졌습니다. 그리고 이제 그 어느 때보다도 죄를 결코 치료될 수 없는 필요악으로, 혹은 선한 질서로부터 부분적으로 일탈한 것으로, 머지않아 스스로 고쳐 갈 수 있는 정도의 하찮은 것으로 여기기 시작했습니다. 모든 시대 가운데 일어난 잘못과 실수의 근원, 성도들에게 제시된 믿음으로부터 멀어지게 된 근원은 바로 악을 이런 식으로 다룬 태도입니다. 율법이 그것을 선포하고 있듯이, 그리고 우리 인류의 역사가 그것을 밝히 보여 주고 있듯이, 하나님께서 보시는 대로 죄를 보지 않으려는 태도가 그 근원입니다.

만일 여러분이 죄의 악함과 그 모든 영원한 결과를 인정한다면, 여러분은 그것을 다루시는 하나님께로 향하는 길이 막혀 있음을 발견하게 될 것입니다. 만일 여러분이 죄의 악함과 그 악이 낳을 미래의 결과를 부정한다면, 여러분은 하나님의 계시 전체를 부인하고 십자가를 옆으로 제쳐둘 뿐 아니라 율법까지 폐기하게 될 것입니다. 성경은 이렇게 말합니다.

"율법으로는 죄를 깨달음이니라"(롬 3:20).

그러므로 죄와 율법은 반드시 정죄와 죄 사함 속에서 연결됩니다. 인간을 대신하신 하나님은 반드시 율법의 경감이 아니라 율법의 확증이라는 차원에서 개입하십니다. 하나님께서는 자신을 바꾸시거나 부인하실 수 없듯이, 율법을 변경하실 수도 없습니다.

죄인들에게 유익한 것은 반드시 율법에도 유익해야 합니다. 죄인들에게 유익한 것이 단순히 율법을 세우거나 그 거룩함을 건드리지 않은 채로 둘 수 있다면, 그것만으로도 대단한 일일 것입니다. 그러나 죄인에게 유익한 것이 율법의 기반을 더욱 든든히 하고 그것을 이전보다 더욱 존귀하고도 거룩하게 만든다면, 그것은 말할 수 없이 더 높고도 확실할 것입니다. 하나님의 법칙이 그러합니다. 율법은 사랑에 의해 손상되지 않으며, 사랑은 율법에 의해 속박당하거나 억압당하지 않습니다. 두 가지 모두 완전한 영역을, 아니 인간이 타락하기 이전보다 더 온전한 영역을 확보하고 있습니다.

저는 사랑이 율법이 아니라는 것을, 그리고 율법이 사랑이 아니라는 것을 알고 있습니다. 율법에는 어떠한 사랑도 들어 있지 않습니다. 그것은 마치 자기 위에 올려져 있는 것이 금인지 쇳덩이인지를 알지 못하는 저울과도 같습니다. 그러나 하나님의 구원의 방법이 잘 나타내고 있듯이, 그 사법적이며 부성적인 율법과 사랑의 결합 속에서 율법은 사랑의 근원이자 수단이 되었고, 사랑은 율법의 지지자이자 그 율법을 영광스럽게 하는 것이 되었습니다. 이런 의미와 국면에서 볼 때, '사랑은 율법의 완성'(롬 13:10)입니다.

죄인들을 대적했던 율법이 죄인들의 편에 서게 되었습니다. 이제 율법은 하나님과 죄인 사이의 적대감을 해결하고자 하나님이 제안하신 새로운 원리에 따라 자신과 하나님 사이의 위대한 논쟁에서 자신의 역할을 수행할 준비가 되었습니다. 아니, 오히려 이 사건을 어떻게 처리해야 하며 어떻게 해야 성공적인 결과를 가져오는지를 아시는 분께, 곧 우리의 '화목제물'이자 '대언자'이며 '우리 죄를 위한 화목제물'(요일 2:2)이요, '아버지 앞에 계신 우리의 대언자 곧 의로우신 예수 그리스도'(요일 2:1 참고)의 손에 이 사건을 맡기려고 합니다.

2장
하나님이 인정하시는 대속

만일 죄인이 의롭게 되기 위해, 죄의 사면을 받고 심판의 질서를 정하기 위해 아무것도 제공되지 않았다면, 단순히 그 질문을 법정에 가지고 오는 것만으로는 아무런 의미가 없습니다. 하나님께서는 '자기도 의로우시며 또한 예수 믿는 자를 의롭다 하려 하시는' 분입니다(롬 3:26 참고).

"나는 공의를 행하며 구원을 베푸는 하나님이라"(사 45:21).

하나님은 율법이 죄인을 심판하는 것이 아니라 죄인의 죄를 사하는 것으로서 죄인의 편에 설 수 있게 하십니다. 이것은 대속 또는 형벌을 초래한 자에게서 그것과는 전혀 상관이 없는 자에게로 전가되는 방법을 통해 제공되었습니다.

우리 인간의 법정에서는 채무의 지불과 관계된 경우가 아니라면 그러한 제공이 허용되지 않습니다. 채무의 지불이라는 경우에는 사람과 소유물 간의 교환에 전혀 어려움이 없습니다. 채권자가 자신의 돈을 제3자로부터 받는다면, 비록 채무자가 직접 그 돈을 갚지 않았다고 할지라도 채권자의 요구가 만족되며 법의 요건이 충족됩니다. 이것은 어느 정도 대속의 성격을 띠고 있습니다. 그러한 경우에는 대속이라는 개념이 우리의 삶에 일반적으로 알려지고, 그러한 원칙이 인간의 법에서도 받아들여집니다.

그러나 인간의 법은 이것을 초월하여 앞으로 나아가지는 못합니다. 인간은 더 넓은 관점에서의 대속을 법으로 제정하고자 시도해 본 적이 한 번도 없습니다. '채찍에는 채찍'이 인간의 법입니다. 반면 "그가 채찍에 맞으므로 우리는 나음을 받았도다"(사 53:5)라는 말씀은 초인간적인 법칙입니다. 이러한 법 제정은 신적인 만큼 은혜로운 것입니다.

대속은 인간이 다룰 수 있는 영역이 아닙니다. 인간은 그 원리조차도 그저 불완전하게 간신히 이해할 뿐입니다. 대속의 자세한 내용과 의미까지는 나아갈 수도 없습니다. 그것은 매우 복잡하며, 너무나 멀어 도달할 수 없고, 이루 말할 수 없이 신비로워 이해할 수 없습니다. 설령 인간이 대속에 대해 이해했다 할지라도, 단지 제정된 법의 체계만을 발견할 뿐입니다. 인간이 아무리 열망한다 할지라도 대속에 관하여는 무력한 존재일 수밖에 없습니다.

그런데 하나님께서 타락한 인간들을 다루시는 원칙으로 이 대속을 확증하셨습니다. 그리고 대속이 효과적이고도 지속적으로 그 역할을 감당할 수 있도록 하나님의 거룩한 심판석을 예비하고 의롭게 다스리십니다. 하나님의 의로운 통치는 바로 대속을 통하여 죄인과 맺어진 모든 계약 속에서 완벽한 역할을 감당합니다.

하나님은 대속의 원리를 자신의 법정으로 가지고 오셨습니다. 그리고 그곳에서 하나님은 전가 혹은 대속의 원리에 따라 일하시고, 율법을 흠 없이 유지하실 뿐만 아니라 은혜를 확증하시며, '의로운 자이자 의롭게 하시는 자'로서 재판석에 앉아 계십니다. 그리고 "모든 사람이 죄를 범하였으매 하나님의 영광에 이르지 못하더니"(롬 3:23), "그러므로 율법의 행위로 그의 앞에 의롭다하심을 얻을 육체가 없나니 율법으로는 죄를 깨달음이니라"(롬 3:20)라는 말씀을 선포하시며, 동시에 다음과 같이 선포하심으로써 하나님의 거룩한 보증을 제시하십니다.

"이 예수를 하나님이 그의 피로써 믿음으로 말미암는 화목제물로 세우셨으니, 이는 하나님께서 길이 참으시는 중에 전에 지은 죄를 간과하심으로 자기의 의로우심을 나타내려 하심이니"(롬 3:25).

대속을 통한 구원은 여자의 후손과 그의 발꿈치가 상하리라는 최초의 약속 안에서 구현되었습니다(창 3:15 참고). 그분께서 원수에게 자기를 내놓아 상하심으로써 우리의 강한 원수를 이기신 승리가, 그 순간 그곳에서 선포되었습니다. 우리의 최초의 조상이 입었던 옷은 그들이 죽음을 통과할 때 입었던 옷이었습니다. 옷을 만든 희생양의 가죽은 하나님께서 타락한 인간을 위하여 자신의 사역을 시작하신 것으로 대속의 원리를 보여 줍니다(창 3:21 참고).

또한 아벨의 제사는 가인의 제사와 대조를 이루며 이와 동일한 진리를 계시해 줍니다(창 4:3-5 참고). 아벨과 아벨의 제사를 하나님께서 받으실 만한 것으로 만들어 준 것은 그를 대신한 희생 제물의 죽음이었습니다. 그리고 가인과 그의 제물을 열납하시지 않게 만든 것은 죽음과 피의 부재였습니다. 하나님은 '여자의 후손'으로 오실 그분에 대한 상징으로 아벨의 대속물로서 제단 위에 바쳐진, 죽임 당한 첫 제물을 열납하셨습니다.

"때가 차매 하나님이 그 아들을 보내사 여자에게서 나게 하시고, 율법 아래에 나게 하신 것은 율법 아래에 있는 자들을 속량하시고 우리로 아들의 명분을 얻게 하려 하심이라"(갈 4:4,5).

태초부터 하나님은 인간을 대하실 때 이 원리를 적용하셨습니다. 불의한 자를 대신하여 의인이 죽으셨고(벧전 3:18 참고), 저주받은 자를 복되게 하기 위하여 복을 받은 자가 대신 저주가 되셨습니다. 다른 모든 희생 제물에서도 우리는 이와 동일한 원리를 발견합니다. 노아의 번제물은 아벨의 제물과 같았습니다(창 8:20,21 참고). 그리고 아브라함의 번제물은 노아의 번제물과 같았습니다(창 22:13 참고). 영원히 버림받지 않고는 형벌을 감당할 수 없는 이에게서 그것을 감당할 수 있는 이에게로, 그러나 단순히 벌을 감당하는 것에 그치지 않고 그것으로부터 승리하고 벗어나 자유와 영광 가운데로 들어간 이에게로 죄를 옮기는 것, 이것은 죄인들과의 문제를 해결해 가시는 하나님의 방법의 기초요, 족장들에게 가르쳐 주신 깊은 진리였습니다.

하나님께서는 아브라함의 제물을 거룩한 불로 태우셨습니다. 그리고 이로써 아브라함에게 영원히 머물러야만 했던 하나님의 진노가 대속물에게 임하여 완전히 소멸되었으며, 따라서 그에게 이제 더 이상 진노도, 어둠도, 심판도 없음을 말해 주셨습니다. 오직 구원과 은총과 영원한 지복만이 그를 기다리고 있음을 말해 주셨습니다.

아담의 후손들을 향한 하나님의 역사의 이 위대한 원리를 가장 온전하게 보여 주는 것은 바로 성막의 배열이었습니다.

유월절의 피는 주로 '위험으로부터 보호하신다'라는 의미를 가지고 있었습니다. 어린양이 각 가정의 문 앞에서 파수꾼으로 서 있었으며, 어린양의 피가 그들의 '방패와 손 방패'(시 35:2)가 되었습니다. 집 안에는 어떻게 그렇게 적은 양의 피가 그토록 큰 효력을 나타낼 수 있는지, 그리고 그들이 있는 곳을 난공불락(難攻不落)의 요새처럼 그토록 안전하게 만들어 줄 수 있는지 의아해하며 두려워 떨며 가슴 졸이는 마음들이 있었을지도 모릅니다. 또 그 안에는 적지 않은 소란이 있었을 수도 있습니다. 그들은 그 피를 볼 수 없었으며, 그저 하나님께서 그 피를 보신다는 것을 아는 것으로 만족해야 했기 때문입니다(출 12:13 참고). 그러나 아무리 큰 두려움도 뿌려진 피의 강력한 힘을 꺾을 수 없었으며, 아무리 연약한 믿음도 '원수들과 보복자들'(시 8:2)에 대하여 하나님이 주신 방패의 효력을 약화시킬 수 없었습니다.

대속의 상징인 피가 문설주와 인방에 발라져 있었습니다(출 12:7 참고). 그리고 그것으로 충분했습니다. 그들은 비록 그것을 보지도 못하고 느낄 수도 없었지만, 그 피가 그곳에 발라져 있다는 것을 알고 있었습니다. 그리고 그것으로 충분했습니다. 하나님께서 피를 보셨다는 것, 그것은 그들이 직접 피를 보는 것과는 비교할 수 없는 것이었습니다. 그들은 안전했고, 자기들이 안전하다는 것을 알고 있었습니다. 그래서 그들은 평안 가운데 어린양으로 잔치를 벌이고, 감사가 넘치는 기쁨 속에서 무교병과 쓴 나물을 먹을 수 있었습니다(출 12:8 참고). 그들은 고대하며 찬양할 수 있었습니다.

"만일 하나님이 우리를 위하시면 누가 우리를 대적하리요"(롬 8:31).

그러나 그들이 대속을 통한 죄 사함과 깨끗하게 하심, 그리고 받아들이심과 복 주심의 온전하고도 다양한 진리를 배워야 했던 곳은 애굽이 아니라 광야였으며, 유월절을 지내는 골방이 아니라 그들이 예비하는 하나님의 성전이었습니다.

지난 세대 동안 조상들이 하나님께 가까이 나아가기 위해 발판으로 삼았던 옛 번제물은 여러 부분으로, 여러 조각으로 쪼개졌습니다. 그리고 이 조각들 각각에서 우리는 대속의 온전함과 다양함을 보게 됩니다.

다양한 제물들은 모두 제단과 관련되어 있습니다. 그리고 반드시 진 밖으로 가지고 나가 불살라져야 했던 것조차도 제단과 관련되어 있습니다.

"그러나 피를 가지고 회막에 들어가 성소에서 속죄하게 한 속죄제 제물의 고기는 먹지 못할지니 불사를지니라"(레 6:30).

"속죄제 수송아지와 속죄제 염소의 피를 성소로 들여다가 속죄하였은즉 그 가죽과 고기와 똥을 밖으로 내다가 불사를 것이요"(레 16:27).

다양한 제물과 제단의 관계는 거기에 내포된 대속의 진리를 보여 주기에 그 자체로 충분했습니다. 제단은 죄가 전가되는 장소였습니다. 한편 각각의 제물에서는 이것이 더욱 직접적이고도 온전하게 표현되었습니다.

'번제'에서 우리는 온 마음을 다하여 하나님을 사랑하지 못하는 우리의 불완전함을 위해 제시된 완벽한 대속을 봅니다.

'소제'에서는 제단 위에 바쳐져 하나님께서 먹이시고 그분께서 우리로 먹으라고 초대하신 완벽한 대속을 봅니다. '화목제'에서는 하나님과 우리를 화목하게 하는 속죄물로서 동일한 제단 위에 바쳐진 완벽한 대속을 봅니다. 그것은 우리와 하나님의 멀어지고 원수 되었던 관계를 해결하고, 죽음을 통과하여 우리에게 먹을 양식을 제공합니다. 왜냐하면 '그는 우리의 화평'(엡 2:14)이시기 때문입니다.

'속죄제'에서는 알지 못하는 죄, 무지의 죄에 대해서까지도 죄의 용서를 확증하기 위해 그 피가 제단 위에서 뿌려지고 그 몸이 불살라지는 완벽한 대속을 봅니다. '속건제'에서는 의식적이고 자의적인 죄에 대하여 용서하는, 동일하게 완벽한 대속을 봅니다. '전제'에서는 하나님을 기쁘시게 하고 우리는 새로운 힘을 얻는, 제단 위에 부어진 완벽한 대속을 봅니다.

"내 피는 참된 음료로다"(요 6:55).

향을 통해 우리는 우리 대신 하나님께로 올라가는 대속물의 '향기로운 냄새'(출 29:18)를 가지게 됩니다. 그것은 하나님께서 기뻐하시는 분의 생명과 죽음으로부터 올라가는 향기로운 연기입니다. 그것은 우리를 감싸고 우리의 것이 아닌 향기로 우리를 향기롭게 만들며, 우리 안에 있는 유쾌하지 못하거나 가증스러운 모든 것을 흡수하여 완벽하고도 거룩한 향기로 온전히 바꿔 줍니다.

또한 우리는 불을 통해 죄인을 대신하여 죽임 당한 희생물을 태우시는 심판자의 거룩한 진노를 봅니다. 재 속에서 우리는 그 진노가 완전히 자신을 불사르고 형벌이 모두 치러졌으며 모든 사역이 완성되었다는 증거를 얻습니다. "다 이루었다"(요 19:30)라는 말씀은 바로 제단 위에서 들리는 재의 음성이었습니다.

이 모든 것들을 통해 우리는 다음과 같은 것들을 봅니다. 첫째로 죄에 대한 하나님의 분노를 보고, 둘째로 그 분노가 의로운 방법으로 소멸된 것을 봅니다. 셋째로 대속물이 제시되고 받아들여진 것을 보고, 넷째로 대속물이 죽임 당하고 불살라진 것을 봅니다. 다섯째로 그 진노가 죄인에게서부터 그의 대리자에게로 옮겨진 것을 보고, 여섯째로 죄인들을 향한 사랑 안에서 안식을 취하며 완전한 대속물 속에서 죄인을 바라보시는 하나님을 봅니다. 그리고 일곱째로 하나님의 은혜 안에서 그분과 화목되고 받아들여지고 온전해지고 그분의 은총을 누리며 하나님께서 베풀어 식탁에 차리신 하늘의 양식을 먹는 죄인을 봅니다. 그분의 식탁에 차려진 음식은 제단에서 불을 통과함으로써 나온 것입니다.

그러므로 하나님께서 자신의 성소를 위해 받으실 만한 예배자들을 준비하면서 이 원리를 인정하신 것은, 죄인들로 하여 하나님께로 가까이 올 수 있도록 하시려는 거룩한 의도뿐만 아니라 그것의 합당함과 가치를 보여 줍니다. 하나님은 이 방법으로 죄인들을 '그 양심상 온전하게'(히 9:9) 만들고, 죄인들에게 '다시 죄를 깨닫는 일이 없게'(히 10:2 참고) 하며, '양심을 죽은 행실에서 깨끗하게 하고 살아 계신 하나님을 섬기게'(히 9:14) 하십니다. 하나님의 거룩함을 만족시키는 것이라면 당연히 죄인의 양심을 만족시키고도 남을 것이기 때문입니다. 하나님께서 제단을 가리키면서 "그것은 나에게 충분하다"라고 말씀하시면, 죄인은 이에 반응하여 "그것은 저에게도 충분합니다"라고 말합니다.

우리는 히브리서에서 이러한 대속의 원리가 성전에 적용되는 것을 발견합니다. 그리고 마찬가지로 로마서에서도 이 원리가 법정에 적용되는 것을 발견합니다. 히브리서에서 우리는 하나님께서 죄인들을 완벽한 예배자로 만드시는 것을 봅니다. 그리고 로마서에서는 종을 의로운 자녀로 만드시는 것을 봅니다. 히브리서에서는 하나님께서 죄인을 예배자로서 온전하게 만드시는 것을 깨닫습니다. 그리고 로마서에서는 사법적인 의로움을 봅니다. 그러나 이 두 서신에서 하나님께서 역사하시는 원리는 동일합니다. 그리고 하나님께서 우리를 받아들이실 때 그 원리 위에서 역사하시듯이, 우리를 자신에게로 오라고 초청하실 때도 동일한 원리 위에서 역사하십니다.

복음에서 바로 이 진리가 구현됩니다. 그리고 그리스도의 대사(大使)로서 우리가 그분을 대신하여 사람들이 하나님과 화목하게 되도록 기도하면서 전하는 말씀도 바로 이 진리입니다. 죄인들을 향한 하나님의 값없는 사랑이 우리가 전하는 메시지의 첫 부분입니다. 그리고 값없는 그 사랑이 죄인들을 위해 나타날 수 있게 만드는 하나님의 의로우신 방법이 두 번째 부분입니다. 즉, 하나님이 어떤 분이신지, 그리고 그리스도가 어떤 일을 행하셨는지가 하나의 복음을 이룹니다. 그리고 이 복음에 대한 믿음이 곧 영원한 생명을 이룹니다.

"또 모세의 율법으로 너희가 의롭다하심을 얻지 못하던 모든 일에도 이 사람을 힘입어 믿는 자마다 의롭다하심을 얻는 이것이라"(행 13:39).

많은 죄인들이 연약한 믿음과 두려워하는 마음으로 제단 앞에 서 있습니다. 그러나 그들을 구원하는 것은 그들의 강한 믿음이 결코 아닙니다. 그들을 구원하는 것은 바로 온전한 희생 제물입니다. 연약한 믿음도 흐릿한 눈이나 두려움으로 떨리는 손도 우리의 번제물의 효력을 바꿀 수는 없습니다. 우리의 믿음이 강하다고 해서 그것에 무엇을 더할 수 없으며, 믿음이 약하다고 해서 제물의 효력을 약화시킬 수 없습니다.

믿음은 가장 좋은 상태에서도 여전히 다음의 비문(碑文)을 읽을 뿐입니다.

"그 아들 예수의 피가 우리를 모든 죄에서 깨끗하게 하실 것이요"(요일 1:7).

그리고 때로 눈물로 인해, 또는 마음을 미혹하는 안개 때문에 눈이 너무나 어두워져서 이 말씀을 읽을 수 없다 할지라도, 믿음은 비문이 여전히 그곳에 세워져 있다는 사실, 아니 적어도 보혈이 그 온전한 능력과 합당함으로 변함없이 제단 위에 씻기지 않은 채 남아 있다는 사실에 대한 분명한 지식에 그 근거를 둡니다.

하나님께서는 믿는 자들이 의롭게 되리라고 말씀하십니다(행 13:39; 롬 10:10 참고). 그렇다면 "우리는 믿습니다. 그러나 우리가 의롭게 되었는지는 알지 못합니다"라고 말하는 사람은 도대체 누구란 말입니까? 믿음의 올바른 길에 관한 의심은 많은 사람들을 혼란스럽게 만들고, 그들의 두려움과 염려를 더욱 무겁게 합니다. 그리고 그들이 믿는 대상이신 그분의 인격과 사역에 관해 훨씬 더 위대한 질문을 하지 못하게 만들어 버립니다. 그리하여 그들의 사고(思考)는 자기 의를 향해 달려가고, 그리스도께서 행하신 일이 아니라 그분의 사역과 연결되기 위해 자신이 스스로 무엇을 해야 할지 생각하느라 여념이 없어집니다.

이스라엘 백성은 어린양을 성막으로 가지고 오면서 희생 제물의 머리 위에 자신의 손을 어떻게 올려놓는 것이 올바른지에 대한 의문으로 혼란스러워했습니다. 자신의 손을 올바른 위치와 방향, 정확한 세기와 가장 좋은 태도로 제대로 올려놓았는지를 확신하지 못하여 희생 제물로부터 어떤 위로도 받지 못하는 그들에게 뭐라고 말해야 할까요? 이스라엘 백성이 어린양에 관한 행위인 양 행하는 것들이 정작 어린양에 관한 것이 아니라는 것을 그들에게 말해야 하지 않겠습니까? 어린양이 중요한 것이지 사람이 그 위에 손을 어떻게 올려놓느냐 하는 것은 전혀 중요한 문제가 아니라고 말해야 하지 않겠습니까? 그가 자기의 손을 희생 제물 위에 가장 올바르게 올려놓았기 때문이 아니라, 설령 그것이 아무리 부족하고 불완전하다고 해도 손으로 희생 제물을 만짐으로써 어린양이 나를 위해 답변하고 나를 대신하여 죽는다고 말했기 때문에 기뻐하고 담대할 수 있는 것이라고 그에게 말해야 하지 않겠습니까?

만지는 것 자체는 아무런 가치가 없습니다. 그리고 그 행위의 잘하고 못함도 전혀 문제가 될 수 없습니다. 그것은 단지 하나님께서 정하신 죄 사함의 방법대로 희생 제물이 사람을 대신하여 취해진다는 인간의 열망을 드러내 주는 행동일 뿐입니다. 그것은 단순히 다른 존재를 대속물로 드림으로써 인간을 구원하시는 하나님의 방법에 그가 동의한다는 것을 보여 주는 표증일 뿐입니다. 우리가 정리해야 할 요점은 나의 만짐이 옳은가 옳지 않은가, 약한가 강한가에 관한 것이 아닙니다. 죄를 깨끗이 제거하기 위하여 합당한 어린양을, 하나님께서 승인하신 어린양을 만졌는가 하는 것이 중요합니다.

죄인에게 믿음의 우수성이나 풍성함은 주요한 문제가 아닙니다. 죄인이 알아야 할 것은 "성경대로 그리스도께서 우리 죄를 위하여 죽으시고 장사 지낸 바 되셨다가 성경대로 사흘 만에 다시 살아나사"(고전 15:3,4)라는 사실뿐입니다. 이 지식이 바로 '영원한 생명'이기 때문입니다.

3장
대속의 완전성

　인격과 사역, 삶과 죽음 속에서 그리스도는 죄인의 대속자이셨습니다. 그분의 대리성은 그분이 대리하시는 사람들의 죄와 결핍, 시간과 공간을 같이하며 그들의 삶의 다양한 환경뿐만 아니라 다른 모든 시대를 포괄합니다.

　그리스도께서는 우리가 사는 이 세상에 대속자로 오셨습니다.

　"여관에 있을 곳이 없음이러라"(눅 2:7).

　다윗의 성이요 자신의 성인 베들레헴의 여관에는 그분이 거하실 곳이 없었습니다(눅 2:7 참고). 또한 성경은 이렇게 말합니다.

　"부요하신 이로서 너희를 위하여 가난하게 되심은"(고후 8:9).

　이처럼 그리스도의 삶은 가난과 추방으로 시작되었습니다. 그분은 버림받고 의지할 곳 없는 자로서 이 세상에 태어나고 죽으셨습니다. 그분은 이 세상에 오실 때도, 이 세상을 떠나실 때도 '성문 밖'(히 13:12)에 거하셨습니다. 사람들은 연약하기 짝이 없는 갓난아이가 쉴 만한 지붕도, 그 아이를 받을 만한 요람도 주려 하지 않았습니다. 이처럼 그분이 태어나신 첫 순간부터 버림받고 의지할 곳 없는 자가 되신 것은 바로 그분이 우리의 대속자이셨기 때문입니다. 그분의 대리적 삶은 구유에서 시작되었습니다. 이 가난과 버림받음과 사람들의 배척이 바로 죄를 짊어지고 가시는 그분의 삶이 시작되었다는 것을 의미하지 않습니까?[1]

그분이 이 세상에 오셨을 때 그분에게 주어진 이름도 이와 동일한 진리를 암시합니다.

"아들을 낳으리니 이름을 예수라 하라. 이는 그가 자기 백성을 그들의 죄에서 구원할 자이심이라 하니라"(마 1:21).

그분의 이름은 그분의 사명과 사역이 '구원'임을 선언해 주었습니다. '여호와 구원자 하나님'이 바로 그 갓난아이의 이름이었습니다. 구원자로서 그분은 어머니의 태(胎)를 통해 이 세상으로 나오셨습니다. 구원자로서 그분은 구유에 누우셨습니다(눅 2:7 참고). 그분은 구원자이며 대속자이십니다. 이 예수라는 이름은 단지 십자가에 국한되어 그분께 주어진 것이 아니라 그분의 삶 전체에 적용되는 이름이었습니다. 그러하기에 마리아는 이렇게 말했습니다.

---

1) 하이델베르그 교리문답 36문을 참고하십시오.
〈질문〉 그리스도께서 거룩하게 잉태되어 탄생하심으로 말미암아 당신은 어떠한 유익을 누리게 됩니까?
〈답〉 그리스도는 우리의 중보자가 되어, 내가 잉태되는 그 순간부터 범한 모든 죄를 하나님 앞에서 그분의 순전함과 온전한 거룩함으로 덮어 가려 주십니다.

"내 영혼이 주를 찬양하며 내 마음이 하나님 내 구주를 기뻐하였음은"(눅 1:46,47).

천사도 목자들에게 이렇게 이야기했습니다.

"오늘 다윗의 동네에 너희를 위하여 구주가 나셨으니 곧 그리스도 주시니라"(눅 2:11).

그분은 이 세상에 태어날 때에도 피를 흘리셨습니다. 그분은 한 사람의 죄인이요 정결의 징표[2]가 필요한 사람으로 할례를 받으셨습니다. 그분은 죄를 알지도 못하셨으며, 죄 속에서 태어나지도, 죄악 속에서 잉태되시지도 않았습니다. 오히려 그분은 '거룩한 이'(눅 1:35)셨습니다. 그런데도 그분은 아브라함의 다른 자손들처럼 할례를 받으셨습니다.

"이는 확실히 천사들을 붙들어 주려 하심이 아니요, 오직 아브라함의 자손을 붙들어 주려 하심이라"(히 2:16).

우리의 대속자로서가 아니라면 그분이 왜 할례를 받으셨겠습니까? 십자가가 그분의 대리적인 죽음을 선포한 것이라면, 할례는 그분의 대리적인 탄생을 선포하였습니다.

---

[2] "이렇게 의식들을 준행하는 것은 그만큼 죄를 고백하는 것을 의미합니다. 그러므로 '우리를 대신하여 죄로 삼아진'(고후 5:21 참고) 그리스도도 이런 의식들을 지키셨습니다."_윌리엄 에임즈(William Ames)
"'이것(할례)을 통해서 그분은 사람들을 대리하시되, 세상에 대하여 종으로만이 아니라 죄인으로서도 대리하셨습니다. 순결하고 거룩하신 그분께 이 율례가 적용된 것은, 마치 실제로 그분 안에 고난을 통해 제거해야 할 타락이 있는 것처럼 그분이 고난을 당하셨다는 것을 암시합니다. 그리하여 그분은 가장 거룩하고 순결하신 분인데도 이 세상에 대하여 죄인으로서 사람들을 대리하셨습니다."_존 플라벨(John Flavel)
"그분은 율법의 정죄로부터 우리를 구원하기 위해 할례를 받고 율법을 지키셨습니다. 그러므로 우리는 율법 안에서가 아니라, 의롭다하심을 성취하고 자신이 성취한 것을 우리에게 값없이 베풀어 주신 그리스도 안에서 의를 추구해야 합니다."_휴 래티머(Hugh Latimer)

"하나님이 죄를 알지도 못하신 이를 우리를 대신하여 죄로 삼으신 것은 우리로 하여금 그 안에서 하나님의 의가 되게 하려 하심이라"(고후 5:21).

이것은 우리에게 의를 가져오시는 그리스도의 순종의 시작이었습니다. 성경에는 "한 사람이 순종하지 아니함으로 많은 사람이 죄인 된 것 같이 한 사람이 순종하심으로 많은 사람이 의인이 되리라"(롬 5:19)라고 기록되어 있습니다.

주님은 자신의 세례에 대하여 이렇게 말씀하십니다.

"우리가 이와 같이 하여 모든 의를 이루는 것이 합당하니라"(마 3:15).

이처럼 그분의 세례에 대한 진리는 동일하게 그분의 할례에 대하여도 진리입니다. 그분이 갓난아이였을 때에도 동일하게 우리의 대리자였다고 가정하지 않고서는, 수치의 상징과 연결되어 있는 그분의 연약한 육신이 감당해야 했던 고통과 피 흘림과 상함을 설명할 수 없습니다. 비록 그것이 그분께서 십자가 위에서 죄를 감당하신 것같이 온전한 의미와 방식으로 죄를 지신 것은 아니었다고 할지라도 말입니다. 죽음이 없이는 죄를 결코 완전히 감당할 수 없습니다. 그러나 할례는 분명히 그분이 성장하는 동안에도 죄를 어느 정도 감당하셨다는 것을 말해 줍니다. 그때에도 그분은 '하나님의 어린양'(요 1:29,36)이셨습니다.

그분이 애굽으로 피신한 사건은 우리의 죄를 지신 그분의 낮아진 삶의 한 부분으로 옛 신학자들이 자주 인용합니다(마 1:13,14 참고). 그분은 우리가 다시 하나님께로 돌아올 수 있도록 친히 추방당한 자로서 우리의 추방을 대신 감당하셨습니다. 그분은 버림받은 자의 자리에 대신

서서 버림받고 의지할 곳 없는 자로서 이 땅에서 사셨습니다. 이와 관련하여 어느 옛 작가는 "자신의 나라에서 나그네로 내쫓긴 분"이라고 표현합니다.

죄를 지고 가신 그분의 삶의 각 영역을 통해 우리는 우리의 삶의 각 영역에서 온전한 충족을 누립니다. 우리는 첫째 아담으로 인해 하나님의 낙원에서 추방당했지만, 마지막 아담을 통해 우리의 방황에서 돌이켜 하나님의 은총으로 회복되고 다시 하나님의 낙원에 거하게 됩니다.

주님이 받으신 세례도 주님이 받으신 할례와 동일하게 중요합니다. 주님은 죽으실 필요도 없고, 정결함의 표식도 필요 없는 분이었습니다. 만일 주님께서 정결하지 못한 자들의 자리에 대신 서신 것이 아니라면 왜 정결하지 못한 자를 씻는 세례가 주님께 행해져야 했겠습니까? 아무런 흠도 없는 분과 이 물이 무슨 상관이 있습니까? '육체의 더러운 것을 제하여 버림이 아니요 하나님을 향한 선한 양심의 간구'(벧전 3:21)인 세례가, 제거할 육체의 더러움도 없고 하나님과 떨어져 본 적도 전혀 없는, 선한 양심을 소유하신 주님과 무슨 상관이 있습니까?

그러나 주님은 대속자이십니다. 주님은 우리 삶의 모든 부분과 환경 속으로 들어와 자신이 구원하기 위해 오신 사람들의 이름에 완전한 의를 이루셔야 했습니다. 그래서 우리를 대신하여, 우리가 마땅히 해야 할 의무를 완성하기 위하여 서 계신 주님 위에 물이 부어진 것입니다.[3]

---

3) 오래된 찬송가들은 그 진리들을 놓치지 않습니다. 그것을 잘 보여 주는 몇 곡의 찬송가들을 보십시오.
"공의가 요구하는 징계를 온전히 없애려고

우리는 시편에서 주님이 자신의 것이 아닌데도 마치 자신의 것인 양 죄를 감당하시면서 느낀 감정을 보게 됩니다. 주님은 계속해서 죄를 고백하십니다. 그러나 거룩하신 분께서 그런 고백이나 통렬한 울부짖음이나 눈물과 무슨 상관이 있습니까? 주님이 이 기가 막힐 웅덩이와 수렁과 무슨 상관이 있으며(시 40:2 참고), 거대한 홍수와 파도와 무슨 상관이 있습니까? 깊은 물과 티끌과 어둠과 가장 낮은 구덩이가 주님과 무슨 상관이 있습니까?

우리 주님이 무엇 때문에 자신을 둘러싼 악한 무리에 몸을 움츠리셔야 합니까?(시 22:16 참고) '그를 에워싸고 있는 많은 황소와 그를 둘러싸고 있는 바산의 힘센 소들'에(시 22:12 참고), 개의 세력과 칼에(시 22:20 참고), '사자의 입과 들소의 뿔'에(시 22:21 참고) 몸을 움츠리셔야 합니까? 왜 주님이 육신으로 살아가시는 동안 이 모든 것들에게 복종하셨습니까? 그리고 무엇 때문에 이 세상과 지옥의 권세가 주님을 대적하여 자유롭게 활개치는 것이 허락되었습니까?

아들의 몸 여기저기서 피가 터졌네.
우리를 온전하게 함에는 한 고귀한 죽음이 요구되었기에
온몸이 피로 범벅이 되었네."
"보라! 어렵게 오신 아들의 피가
물처럼 부어졌구나.
이 죽음은 희생으로 드려진 제사,
사랑으로 드려진 것이 분명하구나."
"이르기를, 영광 가운데 계신 아버지의 진노를
피로 더럽힌 상처, 부서진 육신의 잔해가 누그러뜨렸나니,
그리하여 멍에를 벗고자 하는 종들에게서
율법의 멍에가 단숨에 풀렸나니."
이 찬송가들에 성취된 대속의 사역에 대한 내용이 아무리 빈약하게 담겨 있다 하더라도 그 위대한 진리는 주님의 삶 속에서 다른 사건들과 연결되어 자주 나타납니다.

그것은 바로 주님이 우리의 자리를 대신하고 우리의 책임을 대신 지며 우리의 원수들과 대신 싸우는 대속자이시기 때문입니다. 우리는 이러한 시편에서 뱀의 후손과 싸우고, 상한 발꿈치로 인해 수많은 고통을 겪고 계시는 여자의 후손을 발견합니다(창 3:15 참고).

주님은 진노의 홍수가 덮쳐 온 십자가에서 당한 고통에 대해서만이 아니라 전 생애에 걸친 일상적인 질고에 대해서도 말씀하십니다.

"내가 어릴 적부터 고난을 당하여 죽게 되었사오며 주께서 두렵게 하실 때에 당황하였나이다"(시 88:15).

"무릇 나의 영혼에는 재난이 가득하며 나의 생명은 스올에 가까웠사오니"(시 88:3).

"내 마음이 매우 고민하여 죽게 되었으니"(마 26:38).

"곤란으로 말미암아 내 눈이 쇠하였나이다"(시 88:9).

"주의 진노가 내게 넘치고 주의 두려움이 나를 끊었나이다"(시 88:16).

"주는 내게서 사랑하는 자와 친구를 멀리 떠나게 하시며 내가 아는 자를 흑암에 두셨나이다"(시 88:18).

그렇게 주님은 '멸시를 받아 사람들에게 버림받았으며 간고를 많이 겪었으며 질고를 아는 자'(사 53:3)가 되셨습니다. 주님이 언제나 '우리의 죄를 지고 가신 죄 없으신 분'이시며, 십자가 '위에서' 이 모든 죄들을 감당하셨을 뿐만 아니라 십자가에 '이르기까지' 이 모든 죄들을 지고 가셨다는 것을 기억할 때, 우리는 이 모든 것의 의미에 대하여 의심할 수 없습니다.

"친히 나무에 달려 그 몸으로 우리 죄를 담당하셨으니, 이는 우리로 죄에 대하여 죽고 의에 대하여 살게 하려 하심이라. 그가 채찍에 맞음으로 너희는 나음을 얻었나니"(벧전 2:24).

또한 성경은 주님에 대하여 이렇게 기록합니다.

"그는 실로 우리의 질고를 지고 우리의 슬픔을 당하였거늘"(사 53:4).

또 주님의 매일의 삶에 대하여 잘 표현하는 말씀도 있습니다.

"우리의 연약한 것을 친히 담당하시고 병을 짊어지셨도다"(마 8:17).

대리 또는 대속은 주님의 죽음에서만큼이나 주님의 삶의 각 영역에서 철저하게 이루어졌습니다.[4] 주님은 구유에 누우셨을 때 우리의 죄의 짐을 지셨으며, 십자가에서 비로소 그 짐을 내려놓으셨습니다. "다 이루었다"라는 말씀은 죄 짐을 지고 가신 주님의 전 생애를 가리킵니다.

또한 시편에는 이렇게 기록되어 있습니다.

"나의 눈물을 주의 병에 담으소서"(시 56:8).

하나님이 '병'에 인자의 눈물을 담는다는 이 말씀에서, 우리 죄에 대한 대속자로서 주님이 감당하신 사역과 관련된 아주 독특한 증언을 발견합니다. 이에 대해서는 한 가지 예를 드는 것으로 충분할 것입니다.

"여호와여, 주의 노하심으로 나를 책망하지 마시고 주의 분노하심으로

---

4) 하이델베르그 교리문답 37문을 참고하십시오.
〈질문〉 "그리스도께서 고난을 받으셨다"라는 말은 무엇을 의미합니까?
〈답〉 그리스도께서 이 땅에 오셔서 사시는 동안 내내, 그리고 그분이 이 땅에서 사셨던 마지막 때 즈음에, 모든 인류의 죄들을 향해 부어진 하나님의 진노를 그분의 몸과 영혼에 담으셨음을 의미합니다. 그리스도는 유일한 화목제로서, 고난을 당하심으로써 우리의 몸과 영혼을 영원한 저주에서 구속하시고, 우리를 위하여 하나님의 은혜와 의와 영원한 생명을 획득하기 위해 이 모든 고난을 받으셨습니다.

나를 징계하지 마소서. 주의 화살이 나를 찌르고 주의 손이 나를 심히 누르시나이다. 주의 진노로 말미암아 내 살에 성한 곳이 없사오며 나의 죄로 말미암아 내 뼈에 평안함이 없나이다. 내 죄악이 내 머리에 넘쳐서 무거운 짐 같으니 내가 감당할 수 없나이다"(시 38:1-4).

이런 고백들은 분명히 죄인의 고백이거나 죄를 지고 가는 자의 고백이어야 합니다. 사실 이 고백들은 죄인에게 어울립니다. 이 고백은 우리가 죄를 어떻게 바라보아야 하며 우리의 고백이 어떠해야 하는지를 보여 줍니다. 그런데 이 고백은 동일하게 죄를 지고 가는 자의 고백이기도 합니다. 특히 이 고백이 나타난 시편이 신약에서 그리스도에 대해 언급하는 말씀으로 인용되는 것을 볼 때, 이 고백을 죄를 지고 가시는 분의 고백으로 보아야 합니다. 이 고백은 죄가 정말로 다른 이들을 위한 대속자이신 주님에게 옮겨졌을 때 주님이 죄에 대하여 어떻게 생각하셨는지를 우리에게 말해 줍니다. 대속의 완전성에 대하여 우리에게 주어진 이런 관점은 만족스러울 뿐만 아니라 너무나 경이롭습니다.

우리는 노아가 자기 가족들을 구원하기 위해 놀라운 방주를 짓는 것을 봅니다(창 6:14-16 참고). 우리는 그 시작과 과정과 결말을 봅니다. 우리는 방주 안팎의 각각의 부분들을 봅니다. 각각의 판자들이 제자리에 완벽하게 있으며, 못 하나까지도 완벽하게 그 자리에 박혀 있습니다. 방주의 모양은 흠잡을 데 없이 완벽하며, 그 구조는 세밀한 것 하나까지도 모두 온전하고, 힘과 안정성은 경이롭기까지 합니다.

그러나 이 방주가 어떤 수고와 조롱 속에서 지어졌습니까? 어떤 격렬한 부르짖음과 눈물 속에서, 어떤 피와 고뇌 속에서 완성되었습니까? 바로 그 사실로 인해 우리는 이 방주의 완벽함과 안정성을 확신하게 됩니다. 이 악한 세상의 깊은 물 위에서도 이 방주는 평화롭게 항해합니다. 어떠한 폭풍도 이 방주를 전복시키지 못합니다. 어떠한 파도도 그것을 깨뜨릴 수 없으며, 그 판자 하나도 건드릴 수 없습니다. 그곳을 바람을 피해 몸을 숨길 곳으로, 폭풍을 피할 은신처로 삼는 사람들은 영원히 안전할 것입니다.

주님께서 "지금 내 마음이 괴로우니"(요 12:27)라고 말씀하실 때, 그리고 "내 마음이 매우 고민하여 죽게 되었으니"(마 26:38)라고 말씀하실 때, 주님은 죄를 지고 가는 자로서 말씀하셨습니다. 오직 그 괴로움이 우리를 위한 것이었다는 것 외에 우리가 그 고통과 슬픔에 어떤 의미를 더할 수가 있겠습니까?[5]

사람들은 죄를 지고 가는 그리스도에 대한 위대한 진리에 반하여 주

---

5) 하이델베르그 교리문답의 옛 교리문답식 주석이 이 점을 잘 보여 줍니다.
"하나님께서 그리스도의 인성을 매우 강하게 하시고 그것을 지지해 주셨기 때문에 그분이 죄를 향한 하나님의 진노의 무게를 감당할 수 있었습니다. 그것은 또한 그분이 감당하신 고난에 엄청난 위엄을 더하였습니다. 그것은 우리가 받아 마땅한 영원한 형벌을 만족시켰습니다. 그분이 영혼 안에서 얼마나 큰 고난을 감당하셨습니까! 너무나 무겁고 끔찍한 고통과 고뇌, 아픔과 슬픔, 비탄이 하나님의 진노로부터 임했습니다. 그리스도께서 언제, 그리고 얼마나 오랫동안 이 고통을 당하셨습니까? 그분은 이 땅에서 사시는 동안 내내 그런 고통을 당하셨습니다. 그러나 특히 삶의 마지막에 이르러 주님의 인성은 절정을 이루었습니다. 그분의 삶은 추방과 사탄의 유혹, 빈곤, 모욕, 병약함, 배고픔, 목마름, 두려움, 생명의 위험을 증명해 줍니다. 특히 겟세마네 언덕 위에서, 법정에서, 골고다 언덕 위에서 그분은 죄로 인하여 고난을 받으셨을 뿐만 아니라 고통 가운데 있는 자신을 향해 진노하시는 심판자, 자신을 대적하시는 하나님을 대면해야 했습니다. 그분은 우리를 위해 값을 지불하고 의를 사셨습니다. 그분은 하나님 아버지께서 우리에게 값없이 베풀어 주실 수 있도록, 그리스도의 만족함과 의로움이 우리에게 전가되어 우리가 하나님의 심판대 앞에 설 수 있도록 하기 위해 그 일을 행하셨습니다."

님이 이 고뇌의 고백을 통해 단지 인내와 자기희생의 본을 보여 주려 하셨다고 말할지도 모릅니다. 그러나 '죄를 위하여 죽으사 의인으로서 불의한 자를 대신하신'(벧전 3:18 참고) 그리스도의 교리를 고백하는 사람들은 이러한 고통스런 부르짖음을 대속자의 음성으로 여겨 귀를 기울일 것입니다. 그리고 이 부르짖음을 통하여 우리의 육신을 입고 우리의 삶을 살고 십자가 위에서 우리를 대신하여 죽으심으로써 모든 것을 만족시킨 그 사역의 완전성을 배울 것입니다.

특히 대속의 완전성은 십자가에서 더욱 온전하게 나타납니다. 십자가에서 모든 죄의 무게가 주님의 몸을 짓눌렀습니다. 그리고 하나님의 진노가 주님을 사로잡고, 여호와의 검이 주님을 내리쳤습니다. 주님은 자기 영혼을 버려 사망에 이르게 하셨으며, 살아 있는 자들의 땅에서 끊어지셨습니다(사 53:8,12 참고). 그 순간 주님의 사역이 성취되었습니다.

"다 이루었다"(요 19:30).

번제물의 피가 뿌려지고, 대속이 이루어졌습니다. 죄악이 끝나고, 영원한 의가 들어왔습니다. 그 뒤에 따라오는 모든 것이 이미 십자가 위에서 온전히 이루어진 사역의 열매요 결과입니다.

무덤은 주님이 실제로, 정말로 죽었다는 증거요 표증입니다. 그러나 무덤은 대속이나 속죄에서 어느 한 부분도 차지하지 못합니다.[6] 우리

---

6) 하이델베르그 교리문답 41문을 참고하십시오.
〈질문〉 그리스도께서 장사되셔야만 했던 이유는 무엇입니까?
〈답〉 장사되심으로써 과연 그리스도께서 참으로 죽으셨음을 확증하기 위함입니다.

의 보증자가 무덤에 이르시기 전에 대속이 이미 완전하게 성취되었기 때문입니다.

부활은 그리스도의 사역이 받아들여지고 보증자가 자유롭게 되었다는 아버지의 복된 선포입니다. 그러나 그것 역시 속죄나 의롭다하심에서 어느 한 부분도 차지하지 못합니다. 주님이 하늘에 들어가신 것과 자신의 보혈로 '우리를 위하여 하나님 앞에 나타나신'(히 9:24,25 참고) 것은 갈보리에서 이루신 속죄를 적용하는 것이었습니다. 그러나 그것들은 우리가 죄 사함을 받고 의롭다하심을 얻는 속죄에서 어느 한 부분도 차지하지 못합니다. 보증자께서 "아버지, 내 영혼을 아버지 손에 부탁하나이다"(눅 23:46)라고 말씀하실 때, 모든 것이 단번에 영원하고도 완전히 성취되었기 때문입니다.

속죄를 십자가로부터 따로 분리하려는 사람들이 있습니다. 그들은 주님이 삼 일 동안 무덤에 계셨던 것이 바로 죄를 감당하신 부분이라고 주장합니다. 그러나 "다 이루었다"라는 십자가에서의 부르짖음은 그 모든 이론들을 잠재웁니다. 제단만이 속죄를 위한 유일한 장소입니다. 죄의 삯은 사망입니다(롬 6:23 참고). 무덤에 묻히는 것은 단지 그 죽음이 실제적인 죽음임을 나타내는 가시적인 증거일 뿐입니다. 보증자가 우리를 대신하여 단번에 죽으심으로써 그분의 사역이 온전히 이루어졌습니다.

불이 제물을 불사르고 나서 남은 재는 불이 그 제물을 남김없이 완전히 불살랐음을, 진노가 완전히 소멸되었음을 보여 줍니다. 이제 어떤 것도 그 제물의 완벽함에 더해지거나 무언가를 뺄 수 없다는 것을 명백히 보여 주는 증거입니다. 그것을 통해 죄 사함과 의가 지금부터 영원히 심판받아 마땅한 자들에게, 그리고 경건하지 못한 모든 자들에게로 흘러갈 수 있게 되었습니다.

"그의 피로 말미암아 의롭다하심을 받았으니"라는 말씀은 사도적 선언입니다. 그리고 이 선언의 결과는 "더욱 그로 말미암아 진노하심에서 구원을 받을 것이니"(롬 5:9)입니다. 우리는 십자가의 그늘에 앉아 '의롭게 하고 구원을 베풀며 보호하는 제물'로부터 오는 은혜를 받으며 안식을 취합니다.

하나님께서는 십자가 위에서, 그리고 십자가를 통해서 경건하지 못한 자들을 의롭게 하십니다.

"그가 채찍에 맞으므로 우리는 나음을 받았도다"(사 53:5).

놋뱀의 상징은 이 진리를 가시적으로 선포합니다. 뱀에 물려 죽어 가는 사람들을 치료한 것은 바로 장대 위에 단 놋뱀이었습니다(민 21:8,9 참고). 그것은 바닥에 내려놓은 놋뱀이나 성막 안에 보관해 둔 놋뱀이 아니었습니다. '우리를 위하여 저주를 받은 바 되신'(갈 3:13 참고) 분을 상징하는 놋뱀으로부터 나음을 받은 것처럼, 십자가로부터 건강과 생명이 흘러나옵니다. 부활이 아니라 십자가에 못 박히심으로써 죄악을 끝내고 죄에 마침표를 찍으신 것입니다.

"그의 아들의 죽으심으로 말미암아 하나님과 화목하게 되었은즉"(롬 5:10)이라는 말씀은 십자가의 가치와 효력에 대한 또 다른 증언입니다.

화목은 부활과는 관계가 없습니다. 그분의 십자가의 피로 화평이 이루어졌습니다(골 1:20 참고). 화목제의 열매와 결과는 다양할 수 있습니다. 그러나 그 열매와 결과들이 화목의 근거는 아닙니다. 그 근거는 제물의 피 흘림뿐입니다. 어떤 말씀이 위에 열거한 말씀보다 더 명백하게 피로 인한 의로움과 죽음으로 인한 화목과 '십자가의 피'(골 1:20)로 인한 화평을 선포할 수 있겠습니까?

우리는 십자가를 통해 제사장과 제사장의 직분을 봅니다. 그리고 부활을 통해서는 왕과 왕으로서의 능력을 봅니다. 죄의 사면과 정결하게 함과 의롭게 함은 제사장에게 속한 일입니다. 죄 사함을 받은 자와 정결하게 된 자, 그리고 의롭게 된 자에게 복을 베푸는 것은 왕에게 속한 일입니다.

그러므로 우리는 십자가의 죽음으로부터 우리에게 생명이 왔으며 십자가의 심판으로부터 죄 사함과 의가 왔다는 것을 알고, 십자가를 바라보며 그 앞으로 나아갑니다. 우리는 그리스도와 함께 십자가에 못 박혔습니다. 그리고 이 십자가 안에서 우리는 '그리스도 안에서 그의 은혜의 풍성함을 따라 그의 피로 말미암아 속량, 곧 죄 사함을'(엡 1:7) 받았습니다.

우리는 레위기 1장 한 장에서 "이는 화제라. 여호와께 향기로운 냄새니라"(9,13,17절)라는 말씀을 세 번이나 읽을 수 있습니다. 사도 바울은 이 말씀을 언급하면서 "그는 우리를 위하여 자신을 버리사 향기로운 제물과 희생 제물로 하나님께 드리셨느니라"(엡 5:2)라고 말합니다. 이 향기로운 냄새는 놋으로 된 제단, 곧 번제단으로부터 나왔습니다. 그것은 하나님께 드려지는 희생 제물의 향기로운 냄새였습니다. 이 향기가 예배자를 온전히 감쌉니다. 예배자는 자신을 온통 이 희생 제물의 향기로 덮어 하나님 앞에 완전한 자로 드립니다. 또 자신이 하나님 앞에 완전한 자로 받아들여지고 하나님께서 자신을 그렇게 대하신다는 것을 마음으로 느낍니다. 이렇듯 번제물로 말미암아, 십자가에 못 박히신 그리스도 안에서 우리에게 의가 선포됩니다.

물론 우리는 예수님의 부활과 승천에서 흘러넘치는 풍성한 복을 간과해서는 안 됩니다. 그러나 성경의 어디에서도 부활과 승천으로 말미암는 의를 가르치지 않습니다. 때때로 이것을 입증하기 위해 인용되는 구절은 실상 오히려 정반대의 주장을 선포합니다.

"예수는 우리가 범죄한 것 때문에 내줌이 되고, 또한 우리를 의롭다 하시기 위하여 살아나셨느니라"(롬 4:25).

왜냐하면 이 말씀은 사실 다음과 같은 의미이기 때문입니다. "그분께서는 우리가 범죄하였기 때문에 내줌이 되셨고, 우리로 의롭다 하신 것 때문에 다시 살아나셨다."

그리스도께서 부활하실 수 있었던 것은 의롭게 하시는 사역이 이미 다 이루어졌기 때문이었습니다. 만일 그렇지 않았다면 그분은 무덤의 권세 아래 계속 누워 계셔야만 했을 것입니다. 그러나 십자가가 주님의 교회의 의를 이미 완성하였습니다. 그래서 주님은 죽음 가운데서 다시 살아나실 수 있었습니다. 죽음은 더 이상 주님을 지배할 수 없었습니다. 그 사역이 다 이루어졌기 때문입니다. 빚이 완전히 지불되었고, 보증자는 자유롭게 나갈 수 있게 되었습니다.

주님께서는 우리를 의롭다 하시기 위해서가 아니라 우리가 의롭다하심을 받았기 때문에 다시 살아나셨습니다. 하나님께서는 주님을 사망으로부터 일으키시면서 그분을 십자가에 못 박고 무덤으로 끌고 내려갔던 전가된 죄로부터 그분을 깨끗하게 하셨습니다.

"영으로 의롭다하심을 받으시고"(딤전 3:16).

주님의 부활은 주님을 의롭게 하신 것이 아니라 주님이 의롭게 되신 것을 선포하였습니다. 그런데 우리는 '주님의 부활과 같은 모양으로 연합한 자'(롬 6:5 참고)입니다. 그러므로 부활은 우리를 의롭게 하는 것이 아니라 우리가 의롭다하심을 받았음을 선포할 뿐입니다. 주님의 피와 죽음으로 우리가 의롭다하심을 받았음을 선포하는 것입니다.[7]

그러므로 대속에 관한 한, 우리는 오직 십자가와만 관계해야 합니다. 그것은 참으로 사망의 자리였으나, 그렇기 때문에 그것은 또한 우리에

---

7) 하이델베르그 교리문답 43문과 45문을 참고하십시오.
〈질문〉 그리스도께서 십자가에서 자신을 희생 제물로 드리고 죽으신 일로 말미암아 우리가 누리게 되는 또 다른 유익은 무엇입니까?(43문)
〈답〉 그리스도께서 죽으심으로 말미암아 우리의 옛사람이 그리스도와 함께 십자가에 못 박혀 죽고 장사됩니다. 그리하여 우리는 더 이상 육신의 악한 정욕들에 끌려 다니지 않을 뿐만 아니라, 오히려 그리스도께 우리 자신을 감사의 제물로 드릴 수 있게 됩니다.
〈질문〉 그리스도께서 부활하신 일로 말미암아 우리가 어떠한 유익을 누립니까?(45문)
〈답〉 그리스도께서 부활하심으로써 죽음을 이기신 일로 말미암아, 첫째, 우리는 그리스도께서 죽음의 값을 치르고 우리를 위해 획득하신 그 의로움에 참여하는 자들이 됩니다. 둘째, 우리도 그분의 능력을 힘입어 다시 살아나 새로운 생명을 누리는 자들이 됩니다. 끝으로, 그리스도의 부활은 장래에 우리가 영광스럽게 부활할 것임을 보증합니다.

게 생명의 자리이며 부활의 보증이 되었습니다.

사도 바울은 이 점에 대하여 매우 분명하게 말합니다.

"우리가 알거니와 우리의 옛사람이 예수와 함께 십자가에 못 박힌 것은 죄의 몸이 죽어 다시는 우리가 죄에게 종노릇하지 아니하려 함이니"(롬 6:6).

여기에서 우리는 십자가와 직접 연결되어 있는 세 가지를 봅니다. 첫째는 옛사람이 죽은 것이고, 둘째는 죄의 몸이 죽은 것이며, 셋째는 죄에게 종노릇하는 데서 벗어난 것입니다. 그런 다음 바울은 이렇게 덧붙입니다.

"이는 죽은 자가 죄에서 벗어나 의롭다하심을 얻었음이라"(롬 6:7).

'벗어나다'라는 말은 문자적으로 '의롭다하심을 얻다(δεδιχαίωτιλι)'라는 뜻입니다. 그것은 죽음을 통해 형벌이 소멸되고 죄인이 의롭다하심을 받는다는 것을 가르쳐 줍니다. 성령께서는 여기에서 십자가에 못 박히신 그리스도 안에서 이루어진 칭의를 가르쳐 주십니다.

다른 사도도 그 사실을 분명하게 말합니다.

"그리스도께서 이미 육체의 고난을 받으셨으니 너희도 같은 마음으로 갑옷을 삼으라. 이는 육체의 고난을 받은 자는 죄를 그쳤음이니"(벧전 4:1).

여기에서는 십자가에 달린 그리스도가 불의한 자를 위하여 고난을 당하시는 의인으로 제시되어 있습니다. 그렇게 고난을 받으심으로써 그리스도는 친히 짊어지신 형벌을 완전히 소멸하셨고, 그러한 소멸을 통해 그리스도와 관계했던 모든 죄가 그쳐졌습니다. 주님은 지금 죄와 상관없는 상태이십니다(히 9:28 참고).

'그치다'라는 말은 '안식하다'라는 말의 더 정확한 의미입니다.[8] 우리의 보증자의 삶은 질고의 삶이요, 안식이 없는 삶이었습니다. 주님께서 우리의 형벌을 지셨기 때문입니다. 주님의 죽음으로 이 형벌이 충족되었을 때 비로소 주님은 '안식'하실 수 있었습니다. 비로소 수고와 무거운 짐이 벗겨졌습니다. 그리고 '이미 그의 안식에 들어간다'(히 4:10 참고)는 것이 어떤 것인지를 아는 분으로서 주님께서는 우리에게 이렇게 말씀하실 수 있었습니다.

"내가 너희를 쉬게 하리라"(마 11:28).

주님은 자신이 일생 동안 져야 했던 무거운 짐을 십자가까지 끌고 가셨습니다. 그리고 그곳에서 비로소 짐을 내려놓고 수고를 그치고 쉬셨습니다(계 14:13 참고). 십자가에서 오히려 율법이 주님과 죄의 짐 사이의 연결을 끊어 놓았습니다. 율법은 죄의 짐을 그분의 어깨에서 벗겨 무덤 안에 묻었습니다. 그리고 그와 동일한 십자가로부터 죄인의 안식이, 죄 짐을 벗는 일이, 사면과 칭의가 샘솟아 오릅니다.

우리는 단 한 순간도 부활로부터 흘러나오는 복을 보지 못해서는 안 됩니다. 또 부활을 통해 우리에게 주어진 새로운 지위를 간과하거나 과소평가해서도 안 됩니다. '부활의 권능'(빌 3:10)은 그 결과에 따라 온전히 인정받아야 하며, 우리는 마땅히 그에 따라 살아야 합니다. 우리는 그리스도와 함께 십자가에 못 박혔습니다. 우리는 그리스도와 함께 죽

---

8) 킵케(Kypke)가 신약성경에 관한 연구(Observations)에서 이것의 예를 들기 위해 인용한 고대 그리스어로 된 놀라운 구절들을 보십시오. 또한 이와 관련하여 Bengel과 Winer를 보십시오.

었고 장사되었으며 다시 일으키심을 받았습니다.

"그리스도와 함께 장사되고 또 죽은 자들 가운데서 그를 일으키신 하나님의 역사를 믿음으로 말미암아 그 안에서 함께 일으키심을 받았느니라"(골 2:12).

"허물로 죽은 우리를 그리스도와 함께 살리셨고, (너희는 은혜로 구원을 받은 것이라) 또 함께 일으키사 그리스도 예수 안에서 함께 하늘에 앉히시니"(엡 2:5,6).

사도 바울은 그리스도의 부활이 주는 유익을 묘사하면서 이런 단어들을 사용합니다. 또한 그리스도도 우리가 그분과 하나가 되어 함께 죽었다가 일어난 것을 계시하십니다. 그러나 그 어느 곳에서도 우리를 의롭다 하신 것과 십자가를 서로 떼놓지 않습니다. 그 어느 곳에서도 부활을 통해 우리의 법적인 책임이 충족되었다고 말씀하시지 않습니다. 그 어느 곳에서도 그 탁월함 안에 우리가 온전히 서 있는 근거를 그분의 부활에서 찾지 않습니다. 하나님 앞에 서 있을 때 우리가 받아들여지고 온전하게 되는 것은 하나님으로서 대속자가 되신 그리스도의 십자가와 보혈과 죽으심에만 돌려야 합니다.

대속에 대한 우리의 믿음이 아무리 연약하다 해도 우리가 그것을 믿기만 한다면, 그 믿음이 즉시 우리를 "일한 것이 없이 하나님께 의로 여기심을 받는 사람"(롬 4:6)의 자리에 둘 것입니다. 하나님께서는 그리스도의 완벽하심이라는 기초 위에서 기꺼이 우리를 받아 주실 것입니다. 우리가 하나님께서 기뻐하시는 이의 완벽하심 안에서 그렇게 받아들여지기를 원한다면, 모든 거래가 완료되고, 우리가 주님의 피로 의롭게 될 것입니다.

"주께서 그러하심과 같이 우리도 이 세상에서 그러하니라"(요일 4:17).

우리가 불완전하고 악한 지금 이 순간조차도 우리는 그러합니다.

우리의 이름이 아무 가치가 없을 때 우리가 다른 사람의 이름으로 불리는 것, 우리의 옷이 찢어지고 더러워졌을 때 다른 이의 옷을 입도록 허락받는 것, 다른 이 곧 하나님의 사랑하시는 아들의 인격 안에서 하나님 앞에 나타나는 것, 이것은 모든 복의 정점입니다. 죄를 지고 가시는 분과 우리가 이름과 옷과 인격을 맞바꾸는 것입니다!

이제 우리 자신의 인격은 없고 주님이 우리를 대신하십니다. 이제 주님께서 우리를 위하여 하나님 앞에 나타나십니다(히 9:24 참고). 하나님 아버지 앞에서 주님을 귀하고 소중하게 만드는 모든 것이 우리에게로 옮겨졌습니다. 주님의 탁월함과 영광스러움이 마치 우리의 것인 양 보여집니다. 그리고 우리는 그 사랑과 형제애와 영광을 마치 우리가 값을 주고 산 것인 양 받습니다. 우리가 죄를 지고 가시는 분과 온전히 하나이므로, 하나님께서는 우리가 악한 일을 행했지만 마치 전혀 악을 행하지 않은 것처럼 대하실 뿐만 아니라, 우리가 행하지 않은 선한 일도 우리가 행한 것처럼 대하십니다.

어떤 의미에서 우리는 여전히 진노 아래 있는 비참한 죄인입니다. 그러나 또 다른 의미에서는 완전히 의로운 자입니다. 왜냐하면 나를 하나님 앞에 서게 하시는 완전하신 분 안에서 우리가 온전히 의로운 자가

되었기 때문입니다. 그리고 그렇게 영원히 의로운 자로 있을 것이기 때문입니다. 이것은 아무런 결과도, 복도 가져다주지 않는 가식이나 공허한 환상이 아닙니다. 그것은 재판장이 제공하고, 법으로 승인된 교환입니다. 이 땅 위에 살고 있는 어떤 죄인이든지 복을 누리게 되는 교환입니다.

4장
온전함에 대한 선언

　이사야 53장은 십자가에 대해 예언합니다. 그리고 레위기는 십자가에 못 박히신 그리스도에 대한 영적 실체와 진리를 가리키는 표준적인 상징을 이스라엘 백성에게 상세히 보여 주었습니다. 이사야 선지자는 53장에서 여자의 후손 및 나무에 달리실 그분의 상하심과 연결하여 이 진리들을 레위기적 표현으로 요약해 줍니다.

　삼천 년이 넘도록 '상한 발꿈치'(창 3:15 참고)는 세상의 눈앞에, 특히 이스라엘의 눈앞에 그들의 구원과 소망을 나타내는 희생 제물로 보였습니다. 그러나 이제 이에 대한 해석이 더욱 맹백한 언어로 주어졌습니다. 죄인의 죄가 보증자에게로 옮겨진 것이 다양하고 상세하게 나타났으며, '질고를 아는 자'(사 53:3)의 신비스러운 인격이 설명되었습니다. 그리고 그 모든 것 안에서 인간에게 값없이 주어진 하나님의 깊은 사랑이 드러났습니다. 그리하여 그때까지 족장들이나 이스라엘 백성들에게조차 말해 주지 않았던 그 의미가 분명하고도 온전하게 선포되었습니다. 죄를 짊어 지고 가는 메시아의 사역을 이보다 더 잘 표현하는 곳은 그 어디에도 없습니다. 의인으로서 불의한 자를 위해 대신 고난받으신다는 것이 바로 이사야 선지자가 말하고자 하는 요점입니다.

이사야 선지자는 메시아에 대해 묘사하면서 갑자기 여자의 후손, 아담의 자손, 아브라함의 자손, 다윗의 자손이라고 선포합니다.

"그는 주 앞에서 자라나기를 연한 순 같고 마른땅에서 나온 뿌리 같아서"(사 53:2).

이 세상의 흙과 공기는 모두 '이새의 줄기'(사 11:1)에서 나온 새싹에게 적합하지 않았습니다. 그 싹에 맞는 흙과 공기가 되려면 우리의 것보다 더 순결해야 했습니다.

여자의 후손으로 오신 그분은 우리 가운데서 자라나셨지만, 인정도 명예도 존경도 사랑도 받지 못하셨습니다.

"고운 모양도 없고 풍채도 없은즉 우리가 보기에 흠모할 만한 아름다운 것이 없도다"(사 53:2).

"빛이 어둠에 비치되 어둠이 깨닫지 못하더라"(요 1:5).

"그는 멸시를 받아 사람들에게 버림받았으며"(사 53:3).

그분은 모든 사람들 가운데 가장 멸시받고 버림받은 바 되셨습니다. 그분이 자기 땅에 오셨으나 자기 백성이 영접하지 않았습니다(요 1:11 참고). 여자의 후손으로 오신 분이 살아가신 대리의 삶, 인간의 후손들 가운데서 살아가신 능욕의 삶은 이렇게 시작되었습니다.

"간고를 많이 겪었으며 질고를 아는 자라"(사 53:3).

왜 그분은 일생 동안 이 모든 간고를 겪으셨습니까? 천사들이 이 땅에 내려온다면 그들도 그런 간고를 겪을까요? 이 세상의 공기가 천사들에게도 그렇게 고통스러울까요? 그들이 과연 눈물을 흘리고 신음하며 피를 흘릴까요? 그들이 이 세상의 신성모독의 말로 공격당할까요? 그렇지 않다면, 여자의 후손으로 오신 분은 왜 그런 일을 겪으셨습니까? 왜 하나님의 거룩하신 아들이 어린 시절부터 이런 조롱을 당하며 죄 짐의 무게로 고개를 숙이셔야 했습니까? 왜 '독초와 쑥의 뿌리'(신 29:18)의 잔이 그분의 요람 옆에 놓여 있어야 했습니까? 어린 시절부터 성인이 되기까지 왜 그분은 날마다 쓴 잔을 마셔야 했습니까?

천사들도 우리의 사역 가운데 함께할 때, 또는 그들의 왕의 명령을 수행하러 올 때 이 세상의 광경을 보고 이 세상의 소리를 듣습니다. 그러나 그들은 우리와 함께 슬퍼하지 않습니다. 천사가 자기들이 거하던 빛 가운데로 돌아갈 때 그들의 눈에서 눈물을 닦고 이마에서 땀을 닦아 내겠습니까? 그런데 주님은 어떤 천사도 할 수 없는 방법으로 질고에 가까이 다가가셨습니다. 그분이 '죄를 지고 가는 자'(요 1:29 참고)로서 그렇게 질고에 다가가고 그것으로 인해 고통받으셨다는 사실을 배제한다면, 어떻게 메시아와 천사들의 차이점을 설명할 수 있겠습니까?

그분이 감당하신 어려움은 너무나 분명했습니다. 그래서 이사야 선지자는 다음 절에서 이렇게 말합니다.

"그는 실로 우리의 질고를 지고 우리의 슬픔을 당하였거늘"(사 53:4).

이것이 바로 그분을 '간고를 많이 겪었으며 질고를 아는 자'(사 53:3)로 만들었습니다. 그분을 본 사람들은 그 신비를 이해할 수 없었습니다. 그들은 그분이 자신의 죄로 말미암아 하나님께 맞으며 우리가 알지 못하는 숨겨진 죄로 인하여 고난을 당한다고 말했습니다(사 53:4 참고). 그러나 결코 그렇지 않습니다.

"그가 찔림은 우리의 허물 때문이요 그가 상함은 우리의 죄악 때문이라. 그가 징계를 받으므로 우리는 평화를 누리고 그가 채찍에 맞으므로 우리는 나음을 받았도다"(사 53:5).

그분의 찔림과 상함, 징계와 채찍은 그분이 십자가에 이르시기 전에 이미 시작되었습니다. 그리고 바로 십자가에서 '죽기까지 복종하심'(빌 2:8 참고)으로 이 모든 것들이 온전하게 완성되었습니다.

"여호와께서는 우리 모두의 죄악을 그에게 담당시키셨도다"(사 53:6).

하나님께서는 우리가 받을 형벌을 그분에게 내리셨습니다.

"그가 곤욕을 당하여 괴로울 때에도 그의 입을 열지 아니하였음이여, 마치 도수장으로 끌려가는 어린양과 털 깎는 자 앞에서 잠잠한 양같이 그의 입을 열지 아니하였도다. 그는 곤욕과 심문을 당하고 끌려갔으나 그 세대 중에 누가 생각하기를 그가 살아 있는 자들의 땅에서 끊어짐은 마땅히 형벌 받을 내 백성의 허물 때문이라 하였으리요"(사 53:7,8).

이 말씀은 십자가에 이르기 이전의 장면을 묘사합니다. 즉, 십자가로 가시는 길에 나타난 주님의 모습입니다. 주님은 재판장 앞에서도 잠잠하셨습니다. 그분은 스스로 우리의 빚과 죄에 대하여 법적인 책임을 지셨습니다. 어느 누구도 나서서 주님의 결백을 주장하지 않았습니다. 주님은 우리의 죄를 십자가까지 지고 가셨습니다. 그리고 그로 말미암아 우리가 비로소 십자가를 소유하게 되었습니다.

"그가 살아 있는 자들의 땅에서 끊어짐은 마땅히 형벌 받을 내 백성의 허물 때문이라"(사 53:8).

죄를 담당하는 십자가의 사역이 여기에 온전하고도 분명하게 드러나 있습니다. 주님은 대속자로서 십자가에 달리셨습니다.

"그리스도께서도 단번에 죄를 위하여 죽으사 의인으로서 불의한 자를 대신하셨으니 이는 우리를 하나님 앞으로 인도하려 하심이라"(벧전 3:18).

주님은 십자가에서 악인들 사이에 계셨을 뿐만 아니라 그분의 주검까지도 그들과 함께 계셨습니다. 주님은 수치스럽게 죽는 형벌뿐 아니라 그들과 동일하게 무덤에 있는 형벌을 받도록 선고받았습니다.

"그의 무덤이 악인들과 함께 있었으며 그가 죽은 후에 부자와 함께 있었도다"(사 53:9).

그러다가 아리마대의 부자 요셉에 의해 그곳에서 나오실 수 있었습니다(마 27:57,58 참고). 아리마대 요셉은 당돌하게도 빌라도에게로 가서 주님의 시체를 달라고 청하였습니다. 그가 만일 그렇게 하지 않았다면, 주님은 악인의 무덤에 계셔야만 했을 것입니다. 그러나 주님이 죽으셨을 때, 또는 죽어 십자가에서 내려진 후에 주님의 무덤은 부자와 함께 있었습니다(사 53:9 참고).

"여호와께서 그에게 상함을 받게 하시기를 원하사 질고를 당하게 하셨은즉"(사 53:10).

여호와께서는 주님을 상하게 하기를 원하셨습니다. 아니, 주님을 상하게 하는 데서 기쁨을 얻으셨습니다. 메시아는 십자가 위에서 고난을 받을 때에도 그 어느 때보다 더욱 하나님께 '사랑받는 아들'이셨습니다. 그런데도 여호와께서는 주님을 질고 가운데 두기를 '원하셨습니다.'

주님께서 "나의 하나님, 나의 하나님, 어찌하여 나를 버리셨나이까?"(마 27:46; 막 15:34)라고 부르짖으셨을 때 하나님과의 연합과 교제가 잠시 단절되었다고 할지라도, 두 분 사이의 연합은 결코 끊어질 수 없었습니다. 보증자를 향해 하나님의 진노가 임했지만, 아들을 향한 아버지 하나님의 사랑이 여전히 머물러 있었습니다. 하나님의 진노와 사랑이 그곳에 함께 있었습니다. 주님은 진노를 느끼는 동안에도 사랑을 알고 계셨습니다. 아니, 주님이 이미 그 사랑을 알고 계셨기 때문에 그분은 놀라움과 고뇌 속에서 "나의 하나님, 나의 하나님, 어찌하여 나를 버리셨나이까?"라고 울부짖으셨습니다.

"그의 영혼을 속건제물로 드리기에 이르면"(사 53:10).

속건제물은 의지적이고 의식적으로 지은 죄를 속량하기 위해 드려지는 제물입니다. 속건제물에 대하여 성경은 다음과 같이 기록합니다.

"제사장은 여호와 앞에서 그를 위하여 속죄한즉 그는 무슨 허물이든지 사함을 받으리라"(레 6:7).

성막과 제단의 다양한 제물들은 모두 십자가를 중심으로 서 있습니다. 이사야에서 속건제물로 언급된 것이 바로 '그(주님)의 영혼'입니다. 그분의 영혼이 몸과 분리되었을 때, 즉 그리스도께서 자신의 영혼을 아버지께 맡기신 그때 속건제물이 완성되었음을 암시하는 것입니다.

단번에 대속이 이루어졌습니다. 보증자의 몸이 무덤에 이르기 전에 위대한 역사가 이루어졌습니다. 다만 그분이 무덤 안에 누워 계신 것은 그 사역이 이미 성취되었음을 알리는 가시적이고도 명백한 징표이자 표증이었습니다. 그리고 부활은 그 희생 제물의 탁월함과 십자가 위에서 구원을 온전히 이루신 분의 완벽함에 찍힌 아버지의 인장이었습니다.

"그가 자기 영혼의 수고한 것을 보고 만족하게 여길 것이라"(사 53:11).

그리스도는 육신으로 이 세상에 사시는 동안 자신의 영혼에 대하여 종종 이렇게 말씀하셨습니다.

"내 마음이 매우 고민하여 죽게 되었으니"(마 26:38).

"지금 내 마음이 괴로우니"(요 12:27).

"인자가 온 것은 섬김을 받으려 함이 아니라 도리어 섬기려 하고 자기 목숨을 많은 사람의 대속물로 주려 함이니라"(마 20:28).

"나는 선한 목자라. 선한 목자는 양들을 위하여 목숨을 버리거니와……아버지께서 나를 아시고 내가 아버지를 아는 것 같으니 나는 양을 위하여 목숨을 버리노라"(요 10:11,15).

이처럼 목숨과 영혼과 피는 서로 연결되어 있습니다. 그리고 그것을 통해 주님이 삶과 죽음에서 성취한 것을 보고 만족하십니다. 만족하시는 분이 주님이신지, 아니면 하나님 아버지이신지는 전혀 중요한 문제가 아닙니다. 어떤 경우이든 가르치는 진리는 동일하기 때문입니다.

"나의 의로운 종이 자기 지식으로 많은 사람을 의롭게 하며, 또 그들의 죄악을 친히 담당하리로다"(사 53:11).

여기서 말씀하고 계신 분은 하나님 아버지이십니다. 하나님은 메시아를 '나의 의로운 종'이라고 부르십니다. 그리고 메시아가 '자기 지식으로 많은 사람을 의롭게 한다'고 선포하십니다. 그리스도에 대한 지식은 우리의 의를 안전하게 지켜 줍니다. 그것은 죄를 지고 가는 자이신 그리스도를 아는 지식입니다. 왜냐하면 이 지식 안에 의롭게 하는 것으로서의 말씀, 곧 "그들의 죄악을 친히 담당하리로다"라는 말씀이 덧붙여 있기 때문입니다. 또다시 칭의를 십자가 및 십자가에서 성취된 사역과 연결하는 것입니다.

아버지께서 아들을 영광스럽게 하는 이유들을 온전하고도 명확하게 제시하는 마지막 절은 매우 인상적입니다. 그 이유들은 십자가 및 십자가에서 죄를 담당하신 주님의 사역과 철저하게 연결되어 있습니다.

"그러므로 내가 그에게 존귀한 자와 함께 몫을 받게 하며 강한 자와 함께 탈취한 것을 나누게 하리니, 이는 그가 자기 영혼을 버려 사망에 이르게 하며 범죄자 중 하나로 헤아림을 받았음이니라. 그러나 그가 많은 사람의 죄를 담당하며 범죄자를 위하여 기도하였느니라"(사 53:12).

그러므로 부활은 주님께 주어지는 모든 영광과 존귀이며, 십자가 위에서 우리를 의롭게 하신 주님의 사역에 대한 보상이요 그 결과입니다. 죽음과 수치의 나무 위에서 그 사역이 온전히 성취되었습니다. 그곳에서 주님은 자신의 영혼을 다 쏟으셨습니다. 그곳에서 주님은 '범죄자 중 하나로 헤아림'을 받으셨습니다. 그곳에서 주님은 "아버지, 저들을 사하여 주옵소서. 자기들이 하는 것을 알지 못함이니이다"(눅 23:34)[1] 라고 부르짖으셨습니다. 그곳에서 주님은 많은 사람의 죄를 지셨으며, 범죄자를 위하여 간구하셨습니다.

주님은 죽으실 때 "다 이루었다"(요 19:30)라고 말씀하셨습니다. 죄인을 의롭게 하는 주님의 사역이 성취된 것입니다! 만일 이 사역 외에 죄인을 의롭게 하는 다른 어떤 방법이 있다면, 그리스도께서는 헛되게 죽으신 것입니다.

"다 이루었다"라고 말씀하신 후에 "아버지, 내 영혼을 아버지 손에 부탁하나이다"(눅 23:46)라고 말씀하시고 주님의 영혼은 하나님 아버지께로 돌아갔습니다. 그리고 아버지께서는 주님의 영혼을 받으셨습니다. 그 영혼을 받으심으로 주님이 행하신 사역이 온전히 성취되었음을 증명하신 것입니다. 로마 군인들이 '예수께 이르러서는 이미 죽으신 것을 보고 다리를 꺾지 아니하였다'(요 19:33 참고)는 것도 자신의 영혼을 죽음에 쏟으신 주님의 사역이 온전히 완성되었음을 증명합니다.

또한 십자가에서 주님을 내린 것도 또 하나의 증거입니다(막 15:46; 눅 23:15,16 참고). 아리마대 요셉과 니고데모는 제단으로부터 재를 들어냈던 레위인들과 같은 역할을 하였습니다(요 19:39 참고). 주님이 무

---

[1] 주님은 특별히 무지의 죄에 대한 속죄제를 말씀하고 계십니다.

덤에 장사되신 것 역시 또 하나의 증거입니다. 부활은 이에 대해 증언하는 거룩하고도 가시적인 증거였습니다. 그리고 하늘로 올라가셔서 아버지의 보좌 우편에 앉으신 것은 위로부터 주어진 증거였습니다. 그것은 "다 이루었다"라는 십자가에서의 부르짖음에 대한 하늘의 응답이었습니다.

이 모든 것들은 십자가 및 십자가에서 성취된 사역의 결과였습니다. 주님의 피를 제시하는 것은 그분의 희생을 완성하기 위한 것이 아니라 이미 성취된 것으로 행하는 것일 뿐입니다. 피 뿌림은 어느 시대에 행해지든 희생의 적용일 뿐이지 결코 희생 그 자체가 될 수 없습니다.

"다 이루었다"(요 19:30).

십자가 위에서 이렇게 선포하신 분은 다름 아닌 하나님의 아들이십니다. 십자가에 달리시기 전에, 이 절정의 순간을 미리 아시고 "아버지께서 내게 하라고 주신 일을 내가 이루어 아버지를 이 세상에서 영화롭게 하였사오니"(요 17:4)라고 말씀하신 분도 바로 하나님의 아들이십니다. 그렇게 말씀하실 때 주님은 자신이 무엇에 대해 말하는지를 알고 계셨습니다. '충성되고 참된 증인'(계 3:14)이신 주님의 말씀은 진실하며, 온전한 의미로 가득 차 있습니다.

주님은 마치 그것을 확증해 달라고 요청하듯이 아버지 앞에서 "다 이루었다"라고 선포하십니다. 주님은 하늘과 땅 앞에서, 인간들과 천사들 앞에서, 유대인과 이방인들 앞에서 선포하십니다. 그리고 우리에게도 선포하십니다. 오 인간의 후손들이여, 들으십시오! 여러분의 영혼을 구원하는 사역이 완벽하게 성취되었습니다. 여러분을 의롭게 하는 사역이 완성되었습니다.

이렇게 선포된 사역은 온전합니다. 이것은 너무나 위대하고 중대한 사실입니다. 이 세상의 모든 땅 끝이 거기에 관심을 가집니다. 만일 그 일이 완성되지 않은 채로 남아 있었다면 우리 인간과 이 세상에 무슨 소망이 있을 수 있겠습니까? 그러나 그 일은 시작되었고 수행되었으며 온전히 성취되었습니다. 그 안에는 어떠한 흠도 없습니다. 그 일의 어느 한 영역도 성취되지 않은 채로 남아 있지 않습니다. 조금도 실패하지 않았습니다. 그것은 절대적으로 완벽합니다.

이 완벽한 성취는 우리에게 하나님 아버지의 목적의 완성, 대속의 완성, 의롭게 하는 사역의 완성, 죄의 담당과 율법의 완성, 의와 언약과 언약적 인침의 완성을 선포합니다. 인자요 하나님의 아들이신 분이 이 모든 일을 행하셨으며, 온전히 이루셨습니다. 모든 것을 완벽하게, 그리고 영원히 성취하셨습니다. 인간이든 사탄이든 심지어 하나님까지도 거기에 무언가를 더하거나 뺄 수 없습니다. 대속자의 장사 지냄도 그 사역의 완성에 아무것도 더하지 못합니다. 부활도 의롭게 하는 사역의 한 부분을 구성하지 않습니다. 그 사역은 십자가 위에서 모두 완성되었습니다.

이 사역은 너무나 확실히 완성되었습니다. 그러므로 이제 죄인은 당장 죄 사함과 안식, 받아들여짐과 의롭다하심을 위해 그 사역을 사용할 수 있습니다. 위대한 번제물이 올려지고 타서 재가 된 이 제단 옆에 서 있는 죄인은 자신이 모든 복을 소유하는 자리에 들어왔다는 것을 알게 됩니다. 단지 그가 자신의 자리인 제단 위에 올려진 희생 제물을 자신과 동일시함으로써 제단에서 확보된 바가 그에게로 옮겨진 것입니다.

죄를 향한 하나님의 진노가 제단에 모두 쏟아졌습니다. 그리고 그곳에서 불의한 자들을 위한 의가 확보되었습니다. 그곳에서 안식의 향기로운 냄새가 끊임없이 하나님 앞에 올려지고 있습니다. 그곳에서 하나님의 사랑이 충만한 강물처럼 계속 흘러넘치고 있습니다. 그곳에서 하나님은 어떠한 방해나 제한도 없이 자신의 충만한 은혜 가운데 죄인을 만나십니다. 그곳에서 죄인은 피 흘림으로 말미암아 이루어진 평안을 발견합니다. 그 제단에서 화목이 선포되고, 그곳에서 화목을 선포하는 음성이 울려 나와 온 세상 땅 끝에까지 이릅니다. 그리고 평화의 사신들은 사명을 수행하기 위해 그 자리에 서 있습니다. 그들은 멀리, 그리고 가까이 있는 인간의 후손들에게 탄원하며 말합니다.

"그러므로 우리가 그리스도를 대신하여 사신이 되어 하나님이 우리를 통하여 너희를 권면하시는 것같이 그리스도를 대신하여 간청하노니, 너희는 하나님과 화목하라"(고후 5:20).

부활은 이 사역의 완성에 인을 치는 가장 큰 가시적 보증입니다. 그것은 "다 이루었다"라는 십자가에서의 부르짖음에 대한 하나님 아버지의 응답입니다. 예수님이 세례를 받으실 때 하나님 아버지는 눈부신 영광 속에서 "이는 내 사랑하는 아들이요 내 기뻐하는 자라"(마 3:17)라고 말씀하셨습니다. 그리고 하나님은 예수님이 부활하실 때에도 예수님의 탁월함뿐만 아니라 독생자가 행한 사역의 온전함에 대하여 비록 음성으로 들리지는 않지만 확실한 증거로 말씀하십니다. 그러나 부활은 십자가의 화목제사적 속죄에 아무것도 더하지 않았습니다. 부활은 단지 속죄가 이미 완전하며, 그것에 무엇을 더하거나 그 어떤 것도 그것을 더 온전하게 만들 수 없음을 선언할 뿐입니다.

예수님의 승천도 이에 대한 증거를 더해 줍니다. 특히 그분이 하나님의 보좌 우편에 앉아 계시다는 사실이 더욱 그러합니다.

"오직 그리스도는 죄를 위하여 한 영원한 제사를 드리시고 하나님 우편에 앉으사"(히 10:12).

"죄를 정결하게 하는 일을 하시고 높은 곳에 계신 지극히 크신 이의 우편에 앉으셨느니라"(히 1:3).

구약시대 제사장들이 서 있었던 것은 그들이 수행한 일이 온전히 완성되지 않았음을 보여 줍니다. 반면 우리의 대제사장이 앉아 계신 것은 그분의 사역이 온전히 행해졌음을, 그리고 '영원한 속죄를 이루셨음'(히 9:12 참고)을 암시합니다. 물론 하늘에서 이루어진 이 일을 비록 이 땅에서는 아무도 보지 못하고 듣지 못하지만, 성령의 능력 안에서 보내심을 받은 사람들이 이를 선포합니다.

'앉으사'라는 말은 그 자체로 복음을 담고 있습니다. 복음의 첫 선율이 아기 예수님께서 누워 계신 베들레헴의 구유로부터 울려 퍼졌습니다. 그리고 하나님의 아들이 이 땅에서 은혜의 사역을 마치고 싸움에서 이기고 돌아가 하늘에서 전능자의 우편에 앉으실 때, 복음의 마지막 선율이 하늘 보좌로부터 들려왔습니다.

구유와 보좌라는 이 두 극단 사이에 우리를 위한 것들이 얼마나 많이 담겨 있는지요! 거기에 하나님의 모든 사랑이 있습니다. 거기에 지극히 풍성한 하나님의 은혜가 있습니다. 거기에 멸하기 위함이 아니라 구원하기 위해 나타난 능력과 지혜와 의로움의 충만함이 있습니다. 따라서 구유와 보좌는 오고 오는 모든 세대에 우리를 영원토록 채울 것들이 흘러나오는 놀라운 보고(寶庫)를 두르고 있는 두 개의 방벽입니다.

이 보고 안에 있는 것을 우리는 어느 정도 알고 있습니다. 그러나 그 안에 있는 광대한 보물들은 우리의 측량과 생각을 넘어섭니다. 이러한 비밀들이 영원히 밝혀진다면, 그것은 영원한 기쁨이 될 것입니다. 우리로 하여금 "내게 줄로 재어 준 구역은 아름다운 곳에 있음이여"(시 16:6)라고 말하게 할 탁월한 유업과 아름다운 성읍과 하나님 나라의 영광 이외에도 '측량할 수 없는 그리스도의 풍성함'(엡 3:8)에 대한 우리의 넓어진 지식 안에는 빛과 충족함과 만족함이 있습니다. 그것은 설령 모든 외적인 광채가 다 사라져 버린다고 할지라도 다가올 모든 세대의 영혼에게 온전히 충분합니다.

그리스도가 현재 누리는 영광은 그분이 이 세상에서 감당하신 부끄러움과 낮아지심에 대한 보상입니다.

"자기를 낮추시고 죽기까지 복종하셨으니, 곧 십자가에 죽으심이라. 이러므로 하나님이 그를 지극히 높여 모든 이름 위에 뛰어난 이름을 주사"(빌 2:8,9).

주님이 가시면류관을 쓰셨기 때문에 지금 영광의 면류관을 쓰고 계십니다.

"길가의 시냇물을 마시므로 그의 머리를 드시리로다"(시 110:7).

이것이 전부가 아닙니다. 주님이 지금 영광 가운데 지극히 높임을 받으시는 것은 그분의 사역이 십자가에서 완성되었다는 것을 온 세상에 증명하는 영원한 증거입니다. 그분은 "아버지께서 내게 하라고 주신 일을 내가 이루어 아버지를 이 세상에서 영화롭게 하였사오니"(요 17:4)라고 말씀하신 다음에 이렇게 덧붙이십니다.

"아버지여, 창세전에 내가 아버지와 함께 가졌던 영화로써 지금도 아버지와 함께 나를 영화롭게 하옵소서"(요 17:5).

십자가 위에서 이루어진 희생 사역이 온전하다는 데 대해서는 너무나 완전하고 만족스런 증거들이 있습니다. 그 증거들로 말미암아 우리는 그리스도의 사역이 진정으로 완전히 성취되었으며, 그러하기에 죄인 중의 괴수에게도 그 효력이 온전히 미치게 됨을 확신하게 됩니다. 우리는 이 온전함을 묵상하는 것이 양심을 만족시키고 영혼을 채우며 모든 의심과 불신을 몰아내고 믿음과 확신을 낳고 기르는 데 너무나 유익하다는 것을 발견할 것입니다.

영혼의 안식에는 단계가 있습니다. 그 단계는 갈보리의 사역의 완전성을 이해하는 정도에 따라 달라질 것입니다. 또한 평안에는 깊이가 있습니다. 그것이 "모든 지각에 뛰어난 하나님의 평강"(빌 4:7)이기 때문입니다. 성령께서는 우리를 이 평안으로 인도하시되, 어떤 기적적인 방법이나 단순히 그 능력을 행사하시는 방법이 아니라, 그 사역을 처음 알고 우리의 평안이 시작된 이후 우리에게 더욱더 많은 것을 보여 주심으로써 더욱 깊은 평안으로 인도해 가십니다.

우리에게 십자가는 결코 끝난 것이 아니며, 결코 끝날 수도 없습니다. 십자가의 경이로움은 항상 새로우며 기쁨으로 충만할 것입니다. '죽임을 당하신 어린양'(계 5:12)이 항상 우리 찬미의 주제가 될 것입니다. 우리가 그 단 하나의 구원과 연결되어 있음을 항상 인식할 필요가 없다면, 우리가 '영광 가운데서까지도 항상 그것을 바라봐야 할' 필요가 없다면, 그리고 우리가 그분의 사역 곧 '그리스도 안에서 그의 은혜의 풍성함을 따라 그의 피로 말미암아 속량, 곧 죄 사함을 받은'(엡 1:7 참고) 것으로부터 항상 새로운 교훈을 얻을 필요가 없다면, 어떤 의미에서 십자가를 지나 먼 곳까지 우리를 데리고 가는 요한계시록 같은 책에서 그분을 왜 '죽임을 당하신 어린양'이라고 부르겠습니까? 이 땅에서 자신들이 믿음 안에서 너무나 성숙했으므로 더 이상 십자가에 대해 이야기할 필요가 없다고 말하는 자들이 온전히 완전한 그날, 천국의 영광으로 충만한 그날에 죽임 당하신 어린양과 얼굴과 얼굴을 대하여 보게 된다면 무엇이라 말할까요?(고전 13:12 참고)

어리석은 자여! 당신은 주 예수 그리스도의 십자가가 영원하다는 것을 알지 못합니까? 그리고 당신이 그로 말미암아 구원을 얻었으므로 영원토록 그 안에서 영광스러워해야 한다는 것을 알지 못합니까?

어리석은 자여! 다음과 같은 노래에 동참하지 않겠습니까?

"우리를 사랑하사 그의 피로 우리 죄에서 우리를 해방하시고"(계 1:5).

또한 이 노래에 동참하지 않겠습니까?

"일찍이 죽임을 당하사 각 족속과 방언과 백성과 나라 가운데에서 사람들을 피로 사서 하나님께 드리시고"(계 5:9).

당신은 "어린양이 서 있는데 일찍이 죽임을 당한 것 같더라……온 땅에 보내심을 받은 하나님의 일곱 영이더라"(계 5:6)라는 말씀을 기억하지 못합니까? 어린양이 장로들 사이에 서 계십니다(계 5:6 참고). 그리고 장로들이 그 어린양 앞에 엎드려 큰 소리로 외치며 노래하고 있습니다. 그 어린양이 바로 "죽임을 당하신 어린양은 능력과 부와 지혜와 힘과 존귀와 영광과 찬송을 받으시기에 합당하도다"(계 5:12)라고 천상에서 울려 퍼지는 찬양의 주제입니다.

어린양이 인을 떼십니다(계 6:1 참고). 아무도 능히 셀 수 없는 큰 무리가 바로 어린양 앞에 나와 흰옷을 입고 서 있습니다(계 7:9 참고). 그 옷을 씻어 희게 한 것이 바로 어린양의 피입니다(계 7:14 참고). 또 형제들이 참소하던 자를 이긴 것이 바로 어린양의 피 때문입니다(계 12:11 참고). 생명책은 죽임을 당한 어린양께 속한 것입니다(계 13:8 참고). 영광스러운 시온산에 서 계신 분도 역시 어린양이십니다(계 14:1 참고).

구속받은 허다한 무리들은 어린양이 어디로 인도하든지 따라갑니다. 그들은 사람 가운데서 속량함을 받아 처음 익은 열매로 하나님과 어린양에게 속한 자들입니다(계 14:4 참고). 천국에서 불리는 노래가 바로 어린양의 노래입니다(계 15:3 참고). 싸우고 이기신 분이 바로 어린양이십니다(계 17:14 참고). 우리는 어린양의 혼인 잔치를 즐거워하고 크게 기뻐하며, 그 혼인 잔치에 청함을 받았습니다(계 19:7,9 참고). 교회는 '신부, 곧 어린양의 아내'(계 21:9)입니다.

"그 성의 성곽에는 열두 기초석이 있고 그 위에는 어린양의 열두 사도의 열두 이름이 있더라"(계 21:14).

"성안에서 내가 성전을 보지 못하였으니 이는 주 하나님, 곧 전능하신 이와 및 어린양이 그 성전이심이라"(계 21:22).

어린양이 그 성의 등불이 되십니다(계 21:23 참고). '어린양의 생명책'(계 21:27)과 '어린양의 보좌'(계 22:1,3)가 하나님의 아들로서 십자가에 못 박히신 주 예수님께 속한 존귀와 위엄에 대한 모든 경이로운 항목들을 요약합니다.

이처럼 하늘의 영광은 십자가를 중심으로 하며, 거룩한 성 예루살렘에서 빛을 발하는 모든 것들이 십자가를 떠올리게 하고, 우리를 골고다 언덕으로 데리고 갑니다. 우리는 결코 십자가를 지나쳐서도 안 되고, 등을 돌려서도 안 되며, 십자가에 담긴 하늘의 귀한 가치들을 얻기를 멈춰서도 안 됩니다.

종려나무든 삼나무든 감람나무든, 그것이 아무리 울창하게 가지를 뻗고 그 열매가 풍성하다 하더라도 결코 뿌리로부터 독립하여 존재할 수는 없습니다. 궁궐이든 성전이든 건물이 아무리 크고 화려하게 지어졌다 하더라도 주춧돌과 분리되어서는 결코 존재할 수 없습니다. 마찬가지로 구속받은 자들은 십자가로부터 분리되어 존재할 수 없으며, 그 온전함으로 말미암아 계속 온전해지는 것을 멈출 수도 없습니다.

  십자가를 어떻게 바라보느냐에 따라 우리가 받게 되는 유익이 달라집니다. 물론 저는 그 나무의 그림자가 영원한 하나님의 나라에서 우리를 위해 무엇을 할 것인지를 알지 못하며, 또한 감히 그것에 대하여 말할 수도 없습니다. 그러나 저는 십자가와 그 영광이 결코 분리될 수 없도록 결합되어 있어서 다른 한쪽을 기억하지 않고서는 어느 한쪽을 온전히 누릴 수 없다고 생각합니다. 갈보리에서의 희생제사적 사역의 완전성은, 깨끗하게 하는 능력으로 말미암아 우리에게서 모든 죄가 영원히 씻긴 후에도 오랫동안 우리가 묵상하고 기뻐해야 할 주제입니다.

  우리가 십자가의 충만함을 다 소진할 수 있을까요? 그것이 단순히 어떤 다른 것을 세우기 위한 디딤돌에 지나지 않을까요? 우리가 과거 때문만이 아니라 현재와 영원히 받게 될 복으로 인해 사도들이 기뻐했듯이 십자가를 기뻐하는 일을 멈추게 되는 날이 올까요? 죄 사함은 그것이 성취한 한 가지 결과입니다. 그러나 그것이 전부입니까? 세상을 십자가에 못 박는 것은 그것이 성취한 또 다른 결과입니다. 그러나 그것이 또한 전부입니까?

  십자가가, 단지 성막 안에 놓여 '느후스단'이라 불리며 언젠가 파괴되어야 할 놋뱀과 같이, 귀하고 숭엄하지만 쓸모는 없는 하나의 유물이 되어야 합니까?(왕하 18:4 참고) 아니면 십자가가 하늘의 강 좌우에 있어 열두 가지 열매를 맺되 달마다 그 열매를 맺는 생명나무와 같은 것입니까?(계 22:2 참고) 이 땅에서 십자가는 변화시키는 영향을 미칩니다. 그렇다면 온전히 변화되고 모든 교회가 완벽해진 후에는, 더욱 높은 곳으로 올라가고 더욱 큰 아름다움으로 나아가며 '영광에서 영광에 이르는'(고후 3:18 참고) 일이 일어나서는 안 됩니까? 그때에는 십자가와 연결되고 십자가의 경이로움에 대한 결코 끝나지 않는 환상을 통해 보는 모든 것들이 있어서는 안 됩니까?

새 예루살렘에 대하여 성경은 '어린양이 그 등불이 되신다'(계 21:23 참고)고 말합니다. 어린양은 십자가에 못 박히신 그리스도의 또 다른 이름입니다. 그러므로 십자가가 그 거룩한 성의 등불이 되는 것입니다. 그 등불로 인해 진주로 된 문, 벽옥으로 된 성곽, 정금으로 된 길, 눈부시게 빛나는 성곽의 기초석, 수정같이 맑은 생명수의 강, 이 모든 것들이 눈부시게 환한 빛을 발합니다(계 21:18-22:1 참고). 십자가의 광채가 어디에나 있고 모든 부분을 뚫고 들어가며, 모든 보석들이 그 빛을 반사합니다. 그리고 그 특별한 광채로 인해 하늘의 성에 거하는 사람들이 그 모든 영광스러운 광채의 원천인 골고다로 다시금 가게 됩니다.

갈보리로부터 오는 빛이 '하늘들의 하늘'(시 68:33)을 가득 채웁니다. 그것은 결코 희미한 종교적인 빛이 아닙니다. 그것은 '하나님의 영광이 비추는 것'입니다(계 21:23 참고).

"그 성의 빛이 지극히 귀한 보석 같고 벽옥과 수정같이 맑더라"(계 21:11).

"다시 밤이 없겠고 등불과 햇빛이 쓸데없으니, 이는 주 하나님이 그들에게 비치심이라. 그들이 세세토록 왕 노릇 하리로다"(계 22:5).

그렇습니다. 모든 것들이 어느 모로 보나 온전히 깨끗하고 완벽해져서 십자가와 그분의 피가 경건하지 못한 자들의 양심을 정결하게 하고 그들을 의롭게 할 필요가 없다고 할지라도, 우리에게 십자가와 그분의 피는 결코 끝날 수 없는 주제입니다.

우리는 요한계시록에서 죽어 가는 그리스도와 부활하신 그리스도를 동시에 상징하는 표현을 발견합니다. 즉, '일찍이 죽임을 당하신 어린양'(계 5:6 참고)입니다. 그러나 여기서 '죽어 가는 그리스도'가 더 강조되어 있다는 것을 기억하십시오. 인을 뗄 때는 권능과 권위를 소유한 이는 죽임을 당하신 어린양입니다. 죄를 지고 가신 그분, 희생 제물로 드려진 그분이 이런 권리를 행사할 수 있는 주님이십니다. 그리고 그 권리는 주님의 종결된 구속 사역에 근거하며, 그 사역으로 획득되었습니다. 주님은 어린양으로서 모든 지혜와 능력을 소유하셨습니다.

"그에게 일곱 뿔과 일곱 눈이 있으니 이 눈들은 온 땅에 보내심을 받은 하나님의 일곱 영이더라"(계 5:6).

그분은 거룩의 영이시요 전지전능한 영이십니다. 그분은 성령, 전지전능한 영을 소유하고 계십니다.

'어린양'은 그분의 특별하고도 영원한 이름 중 하나입니다. 그 이름은 천국에서 가장 잘 알려진 주님의 이름입니다. 우리는 그 이름으로 말미암아 주님께 순종하고 존귀를 올려 드리며, 그분을 경배합니다. 우리는 하나님 나라의 모든 영광 속에서도 십자가를 놓지 말아야 합니다. 우리는 주님을 따라가되, 영원히 따라가야 합니다(계 14:4 참고).

5장
불의한 자를 위한 의

하나님은 '의 안에서' 그리고 '의를 통해서' 죄인을 구원하십니다. 하나님은 경건하지 않은 자를 의롭다 하십니다(롬 4:5 참고). 그러나 그분은 의 안에서, 그리고 의를 통해서 그렇게 하십니다.

"여호와는 의로우사 의로운 일을 좋아하시나니"(시 11:7).

하나님의 은혜는 의로운 은혜입니다. 그러나 그 은혜는 그리스도의 의 안에서, 그 의로 말미암는 은혜입니다(롬 3:24 참고). 그것은 죄는 정죄하시나 죄인은 용서하시는 은혜입니다. 그것은 죄인을 용서하심으로써 죄를 심판하시는 은혜입니다. 하나님의 용서는 의로운 용서이며, 따라서 변경될 수 없습니다. 하나님의 구원은 의로운 구원입니다. 따라서 그것은 영원한 구원입니다.

하나님께서는 의로운 재판장으로서 의롭다 하십니다. 하나님은 미쁘시고 의로우사 우리 죄를 사하십니다(요일 1:9 참고). 하나님은 사람이 죄 사함을 받기 위해 하나님 앞에 나아가 탄원할 때, 죄 사함을 통해 자신의 의를 가장 분명하게 드러내심으로써 그 사람이 사랑과 자비의 여호와 하나님의 은혜뿐만 아니라 의로운 재판장의 의를 사용할 수 있도록 하십니다.

하나님은 사랑이시기 때문에 죄 사함을 기뻐하십니다. 하나님은 의롭고 참되며 거룩하시기 때문에 죄 사함을 기뻐하십니다. 어떤 죄도 사함 받지 못할 만큼 크지 않습니다. 그리고 어떤 죄인도 구원받고 복을 누리지 못할 정도로 죄에 너무 깊이 빠져 있지는 않습니다. 구원의 근원이 되는 의가 무한하기 때문입니다.[1]

죄인은 '의의 제사'를 의지하도록 부르심을 받았습니다(신 33:19; 시 4:5 참고). 의는 구원의 하나님께 얻습니다(시 24:5 참고). 주님은 의로운 제사를 기뻐하십니다(시 51:19 참고). 주의 제사장들은 의의 옷을 입습니다(시 132:9 참고). 의는 우리에게 복을 주기 위해 하늘에서 굽어봅니다(시 85:11 참고). 의와 화평이 서로 입맞추어 이 세상에 구원을 가져다주었습니다(시 85:10 참고). 의의 열매는 화평이요, 의의 결과는 영원

---

1) 하이델베르크 교리문답 60문을 참고하십시오.
〈질문〉 어떻게 당신은 하나님께서 의롭게 보시는 자가 되었습니까?
〈답〉 오직 예수 그리스도를 참되게 믿는 믿음으로 말미암아 의로운 자가 됩니다. 비록 나의 양심은 내가 하나님의 계명에서 크게 벗어났으며 하나라도 지킨 것이 없고 마음이 여전히 온갖 악에게로 끌리고 있다고 고소하지만, 하나님께서는 나의 공로를 전혀 요구하지 않으시고는 순전히 은혜로, 그리스도께서 치르신 완전한 죗값과 그분의 의와 거룩함을 나에게 부여하시고 내 것으로 삼아 주십니다. 그리하여 마치 나는 결코 죄가 없으며, 죄를 단 한 번도 지은 적이 없는 것처럼, 실로 그리스도께서 나를 위하여 행하신 그 모든 순종을 마치 내가 완전히 성취한 것처럼 여겨 주십니다. 그러므로 하나님 앞에서 내가 의로운 자가 되기 위하여 할 일은 오직 참된 믿음의 마음을 가지고 이 은혜의 선물을 받는 것뿐입니다.

한 평안과 안전입니다(사 32:17 참고).

메시아께서 이 세상을 구속하려고 오실 때, 그분은 '의의 겉옷'과 '구원의 옷'을 입으셨습니다(사 61:10 참고). 그리고 자신을 '구원하는 능력을 가진 이'로 선포하시고, '의를 말하는 자'로 칭하셨습니다(사 63:1 참고). 주님은 허물이 그치고 죄가 끝나며 죄악이 용서되고 영원한 의가 드러나게 하기 위하여 오셨습니다(단 9:24 참고).

"그의 이름은 여호와 우리의 공의라 일컬음을 받으리라"(렘 23:6).

또한 마치 주님이 복을 내려 주시고 의롭게 하시는 방법을 강조라도 하듯이, 성경의 또 다른 곳에서도 이렇게 말씀하십니다.

"이 성은 여호와는 우리의 의라는 이름을 얻으리라"(렘 33:16).

그분의 이름이 죄인에게 옮겨지고, 죄인의 이름은 그의 대속자의 이름 안에서 영원히 잊어버린 바 되고 사라집니다. 이름에서도, 성품에서도, 특권에서도, 신분에서도, 의로움에서도, 영광에서도 메시아, 곧 죄인의 죄를 짊어 지신 분과 하나가 됩니다. 하나님이신 그분께서 죄인이 받은 분깃이 되십니다.

"이는 그들이 내게서 얻은 공의니라. 여호와의 말씀이니라"(사 54:17).

"예수는 하나님으로부터 나와서 우리에게 지혜와 의로움과 거룩함과 구원함이 되셨으니"(고전 1:30).

전가가 완전히 이루어졌으며, 영원히 지속됩니다. 우리가 하나님의 아들의 의에 대한 증거를 받은 순간 우리의 모든 죄가 그분께로 옮겨지고 그분의 모든 의가 우리에게로 옮겨집니다. 그리하여 하나님께서는 우리를 그 의를 소유한 자로 보시고, 그분께서 보시는 그 의의 가치에 따라 우리를 대하십니다. 사람들은 이것을 단순히 '명목' 또는 '법정적 간주'라고 부를지도 모릅니다. 그러나 그것은 우리에게 의로운 방식으로 은혜를 베풀어 주실 수 있는 유일한 분이신 의로운 하나님의 은혜를 충만하게 보장해 주는 '이름'입니다. 그것은 율법이 인정하고 하나님께서 행하시는 근거가 되는 '간주'입니다. 하나님께서는 불의한 자들을 단지 우리가 주님, 곧 우리로 하여금 그 안에서 하나님의 의가 되게 하시고자 죄를 알지도 못하시면서 우리를 대신하여 죄로 삼아지신(고후 5:21 참고) 분과 연결되었다는 이유로 우리를 의로운 자로, 그것도 최고로 의로운 하나님의 의를 소유한 자로 여기십니다.

"복음에는 하나님의 의가 나타나서 믿음으로 믿음에 이르게 하나니"(롬 1:17).[2]

"율법 외에 하나님의 한 의가 나타났으니 율법과 선지자들에게 증거를 받은 것이라"(롬 3:21).

"곧 예수 그리스도를 믿음으로 말미암아 모든 믿는 자에게 미치는 하나님의 의니 차별이 없느니라"(롬 3:22).[3]

그리하여 행함이 아닌 '믿음 안에서' '하나님의 의'가 우리의 것이 됩

---

[2] 이것을 다른 말로 표현하면, "복음에는 믿음에 이르도록 하기 위해 믿음으로 인한 하나님의 의가 나타난다"라고 할 수 있습니다.

[3] 이것을 다른 말로 표현하면, 하나님께서 우리를 위해 제공하신 의, 하나님이신 그분 자신의 의, 그리고 그리스도를 믿음으로써 우리에게 온 의가 모든 사람들에게 차별 없이 주어지며 모든 믿는 자들에게 겉옷으로 덧입혀진다는 의미입니다. 성경은 "오직 주 예수 그리스도로 옷 입고"(롬 13:14), "누구든지 그리스도와 합하기 위하여 세례를 받은 자는 그리스도로 옷 입었느니라"(갈 3:27)라고 말하기 때문입니다.

니다. 그것은 '일을 아니할지라도 경건하지 아니한 자를 의롭다 하시는 이를 믿는 자'(롬 4:5)에게 주어진 약속입니다.

우리 편에는 '믿음'이 있고, 하나님 편에는 '전가하심' 또는 '간주해 주심'이 있습니다. 우리는 믿고, 하나님은 전가하십니다. 그렇게 모든 계약이 이루어집니다. 대속해 주는, 또는 덮어 주는 피가 우리의 죄를 깨끗이 씻어 줍니다. 의는 우리를 하나님 앞에서 법적으로 안전이 보장되는 자리에 세웁니다. 그리고 우리를 의로운 자일 뿐만 아니라 '여호와 우리의 공의'(렘 23:6)이신 분과 동일한 자로 나타냅니다.

우리는 그 모든 완성 안에서 우리 안에 '주입되어 있는' 그분의 온전하심이 아니라 우리를 '온통 뒤덮고 있는' 그분의 온전하심으로부터 유익을 얻습니다.

"내가 네게 입힌 영화로 네 화려함이 온전함이라"(겔 16:14).

예루살렘에 대해 에스겔 16장에서 선지자가 한 말들을 여기에 적용하면, 이 비유, 곧 그 의에 덮인 사람의 '온전함'에 관하여 성령께서 사용하신 비유를 다음과 같이 확장해서 설명할 수 있을 것입니다.

① "너는 피투성이라도 살아 있으라"(6절)

② "내 옷으로 너를 덮어"(8절)

③ "네게 맹세하고 언약하여 너를 내게 속하게 하였느니라"(8절)

④ "내가 물로 네 피를 씻어 없애고"(9절)

⑤ "네게 기름을 바르고"(9절)

⑥ "수놓은 옷을 입히고"(10절)

⑦ "물돼지 가죽신을 신기고"(10절)

⑧ "가는 베로 두르고"(10절)

⑨ "모시로 덧입히고"(10절)

⑩ "패물을 채우고 팔고리를 손목에 끼우고 목걸이를 목에 걸고 코고리를 코에 달고 귀고리를 귀에 달고 화려한 왕관을 머리에 씌웠나니"(11,12절)

⑪ "극히 곱고"(13절)

⑫ "네 화려함으로 말미암아 네 명성이 이방인 중에 퍼졌음은"(14절)

성경의 상징들 속에서, 본래 우리의 것이 아닌데 우리가 '여호와 우리의 공의'이신 분을 믿자마자 덧입게 되는 온전함이 이처럼 대단하게 묘사되어 있습니다.

"나의 사랑, 너는 어여쁘고 아무 흠이 없구나"(아 4:7).

요한복음 3장 18절을 보십시오.

"그를 믿는 자는 심판을 받지 아니하는 것이요."

이것은 소극적인 측면이지만, 설령 우리를 위한 복이 더 이상 없다고 할지라도 우리의 분깃이 '본질상 진노의 자녀'(엡 2:3)였다는 것을 깨닫는다면 이것은 복일 것입니다. 그러나 그 이상의 것이 있습니다. 성경은 "또 모세의 율법으로 너희가 의롭다하심을 얻지 못하던 모든 일에도 이 사람을 힘입어 믿는 자마다 의롭다하심을 얻는 이것이라"(행 13:39)라고 말합니다.

"그리스도는 모든 믿는 자에게 의를 이루기 위하여 율법의 마침이 되시니라"(롬 10:4).

"그런즉 한 범죄로 많은 사람이 정죄에 이른 것같이 한 의로운 행위로 말미암아 많은 사람이 의롭다하심을 받아 생명에 이르렀느니라"(롬 5:18).

믿음의 강함이나 그 종류에 대해서는 그 어느 곳에서도 요구하지 않습니다. 너무나 많은 사람들이 믿음의 양과 질에 대한 문제 안에 갇혀 거기에 머무르고 그 문제에 걸려 넘어져서 사는 모든 날 동안 어둠과 불확실에 빠져 있습니다. 그러나 성령께서는 그 문제에 대해서 아무 말씀도 하시지 않습니다. 우리가 이 의로 옷 입을 수 있는 것은 단지 믿음 때문입니다. 그 믿음이 아무리 연약하다고 해도 말입니다.

믿음은 행위나 공로나 노력이 아닙니다. 믿음은 이 모든 것들을 내려놓고, 대신 다른 이가 너무나 완벽하게, 그리고 영원히 이루어 놓은 것을 받아들이는 것입니다. 가장 단순하고 연약한 믿음이라 할지라도 충분합니다. 왜냐하면 우리를 위하여 무언가를 하는 주체는 우리의 믿음의 탁월함이 아니라 우리를 하나님께로 인도하기 위하여 고난받으신 분의 탁월함, 즉 불의한 자를 위해 고난받으신 의로운 분의 탁월함이기 때문입니다. 우리가 그분의 이름을 믿을 때, 그분의 온전하심이 우리의 인격과 삶에 있는 불완전함뿐만 아니라 우리 믿음의 불완전함까지 충분히 덮어 줍니다.

수많은 연약한 손들이, 아마도 그중 많은 수가 중풍으로 마비되었을지도 모르는 손들이 번제물의 머리에 안수하였습니다(레 1:4 참고). 그러나 그 손길이 마비되어 연약해도 번제물의 본질을 바꾸지는 못했으며, 번제물이 가지고 있는 충만함을 손상시키지 못했습니다. 번제물을 바치는 사람의 손이 떨린다고 해서 제사장이 그를 회막문 앞에서 돌려보낼 수는 없었습니다. 또는 그의 손가락이 너무나 떨려 간신히 제물의 머리를 만질 수 있는 정도라고 하여 수소가 열납되지 못하고 그를 위한 속죄가 되지 못하는 일도 없었습니다.

"그는 번제물의 머리에 안수할지니 그를 위하여 기쁘게 받으심이 되어 그를 위하여 속죄가 될 것이라"(레 1:4).

번제물은 여전히 번제물이었습니다. 가장 연약한 접촉만으로도 번제물과 그것을 가지고 온 사람이 충분히 이어졌습니다. 왜냐하면 가장 연약한 접촉이라고 할지라도, 그것은 그가 자신을 자신과 그 갈망을 근거로 삼아서는 대우받기에 합당하지 못한 존재로 인정한다는 표현이기 때문입니다. 또한 그것은 하나님께서 우리 자신과는 비교할 수조차 없을 만큼 무한히 가치로우며 온전하신 분을 근거로 자신을 대해 주시기를 바라는 마음의 표현이기 때문입니다.

우리 편에는 우리를 정죄하고 심판하는 불의가 있습니다. 그리고 하나님 편에는 우리를 용서하고 복을 베푸시는 의가 있습니다. 불의와 의는 서로 싸우기 위해서가 아니라 서로 평화를 맺기 위해서 만납니다. 이 둘은 서로 적의가 아니라 사랑으로 함께 만납니다. 파괴하기 위해서가 아니라 구원을 베풀기 위해서 의가 손을 내밉니다.

우리는 불의한 자로서 하나님 앞에 나옵니다. 우리의 손에 하나님 앞에 내세울 선함을 들고 나오는 것이 아니라 철저히 선함이 없는 자로서 나옵니다. 회심이나 회심에 대한 약속을 가지고 나오는 것이 아니라 현재에도, 그리고 과거에도 오직 악함만을 가지고 나옵니다. 회개나 회심하는 심령, 또는 하나님으로 하여금 우리를 불의한 자보다는 조금 더 나은 자로 받으시게 할 만한 상한 심령이 아니라, 단지 그 불의함을 제거할 수도 없고 그것을 조금이라도 덜거나 속량할 만한 것을 전혀 드릴 수 없는 철저하게 불의한 자로서 하나님께로 나옵니다.

요한복음 20장 24-29절을 본문으로 삼은 마틴 루터의 설교를 들어 봅시다.

"나는 그분이 율법과 죄와 죽음, 악한 영에 대하여 얻은 모든 승리의 영광을 담대히 노래할 것입니다. 그리고 그분이 행하신 모든 사역을 마치 나의 것인 양, 나 자신이 그 일들을 행한 것인 양 여길 것입니다. 그러므로 율법이 와서 당신이 율법을 지키지 않았다고 당신을 고소하면, 그것을 그리스도께로 보내십시오. 그리고 율법을 완성하신 분이 계시다고 말하십시오. 그분께로 달려가십시오. 그분은 나를 위해 율법을 완성하셨습니다. 그리고 자신이 완성하신 것을 나에게 주셨습니다. 율법이 그 말을 듣는다면 잠잠해질 것입니다. 죄가 당신의 목을 조르려고 하면, 죄를 그리스도께로 보내십시오. 그리고 이렇게 말하십시오. '네가 그분에게 대항할 수 있다면 너는 나에게도 대항할 수 있을 것이다. 왜냐하면 내가 그분 안에 있고 그분이 내 안에 계시기 때문이다.'

죽음이 살금살금 기어 들어와 당신을 삼키려고 하면 죽음에게 이렇게 말하십시오. '너 죽음아, 너는 그분을 알지 못하느냐? 와서 그분을 네 이로 물어 보라. 너는 그것이 그분에게 얼마나 미약한 것인지 잊었느냐? 그분에게로 가라! 그것이 네게 기쁨이 된다면 다시금 그분을 만나 보라. 그분이 두 강도 사이에서 십자가에 달려 부끄럽게 죽으실 때, 너는 네가 승리를 거두었다고 생각했을 것이다. 그러나 결국 네가 얻은 것이 무엇이냐? 너는 그분의 발꿈치를 상하게 했지만, 그것이 오히려 너를 더욱 상하게 만들었다. 나는 그분에게 속한 자이다. 나는 그분의 것이요, 그분은 나의 주인이시다. 나는 그분이 거하시는 곳에 거할 것이다. 너는 그분을 조금도 상하게 할 수 없다. 그러므로 이제 나도 더 이상 너와 상관이 없다.'

우리는 우리를 하나님 앞에서 온전하고도 의로운 자로 만드는 것이 어떤 종류의 사역인지를 쉽게 이해할 수 있을 것입니다. 분명히 그것은 다른 분의 사역입니다. 구원은 제3자의 사역이라는 방법을 통해 예수 그리스도로 말미암아 모든 사람들에게 임했습니다. 그러므로 우리는 우리의 지극한 복이 우리 자신의 공로나 행위에서 나오지 않고 다른 이, 즉 그리스도 예수 우리 구주의 공로에서 나온다는 것을 반드시 기억해야 합니다. 그리고 오직 그분에 대한 믿음을 통해서만 그것을 얻을 수 있습니다. 그분이 말씀하십니다.

'하나님 앞에서 너의 의는 평가할 대상조차도 될 수 없다. 너는 반드시 그 자리에 다른 이의 의를 놓아야 한다. 그것은 바로 나의 의이다. 하나님 아버지께서 이것을 허락하셨다. 나는 하나님의 진노를 진정시켰으며, 진노하는 재판장이신 그분을 부드럽고도 자비로우며 은혜로우신 아버지로 만들어 놓았다. 이것을 믿으라. 그리하면 이것이 너의 것이 될 것이다. 그때 너는 안전하고 온전하며 의롭게 될 것이다. 네가 하나님 앞에서 네 자신의 행위로 평가받지 않는다는 것을 깨달으라. 네가 그분과 관계를 맺고자 한다면 나에게로 들어와 나로 옷 입으라. 그리하면 너는 내 아버지로부터 네가 원하는 모든 것을 얻게 될 것이다.'"

우리에게 모든 선한 것들이 전혀 없음을 철저히 깨닫는 것이 바로 우리를 모든 선함의 원천으로 인도합니다. 그 원천은 그러한 모습으로 나오는 모든 사람들에게 열려 있습니다. 반면 그것은 다른 기반을 의지하고 나오는 사람들에게는 굳게 닫혀 있습니다. 바로 그 빛과 생명의 철저한 결핍이 우리를 빛과 생명의 원천이신 분에게로 이끕니다. 그 빛과 생명은 하나님의 값없는 선물입니다.

  조금이라도 의로운 자의 모습으로 나오는 사람은 빈손으로 돌려보내질 것입니다. 불의함을 인정하며 나오면서도 동시에 감정이나 기도나 눈물로 중화하거나 속죄해 보려고 시도하는 사람도 동일하게 거절당할 것입니다. 오직 불의한 자로서 의롭고도 은혜로우신 하나님께로 나오는 자가 환영받을 뿐만 아니라 차고 넘치는 풍성한 복을 발견할 것입니다. 스스로 죄인임을 고백한다면, 자신을 가장함으로써 하나님을 조롱하지 않는다면, 의로우신 하나님께서는 그 불의한 자를 받아 주실 것입니다. 그리고 바로 그때 불의한 자를 덮기 위하여, 그리고 사랑 안에서 하나님께 받아들여지고 땅과 하늘 앞에서 의롭다하심을 얻기 위하여 주님께서 주신 의가 밀려듭니다.

지금까지 살펴본 내용에서 우리는 "인간이 어떻게 하나님으로 의로워질 수 있는가?"라는 엄청난 질문에 대한 각기 다른 관점의 대답들을 발견합니다.

① 의롭다 하시는 자

의롭다 하시는 하나님(롬 8:33 참고). 죄 사함의 선고는 반드시 하나님의 입으로부터 나와야 하며, 하나님의 생명책에 기록되어야 함.

② 의롭다하심을 받는 자

진노 아래에 있는 인간, 죄인, 경건하지 못한 자, 심판받는 자.

③ 의롭다하심의 근거

'그의 이름은 여호와 우리의 공의라 일컬음을 받으시는' 분의 죽음(렘 23:6 참고).

④ 의롭다하심의 수단

믿음. 강하고 큰 믿음이나 온전한 믿음이 아니라 단순한 믿음, 단지 믿는 것(롬 5:1 참고).

⑤ 의롭다하심의 매개체

하나님의 의. 탕자가 아버지의 집에 들어가 아버지의 식탁에 앉기에 합당한 모습이 되기 위하여 그에게 입혀지고 아름답게 단장된 '제일 좋은 옷'(눅 15:22).

그리스도께서 친히 우리의 의가 되셨습니다. 우리는 그리스도 안에 서 있으며, 그리스도 안에서 발견됩니다(빌 3:9 참고). 우리는 그리스도로 옷 입고, 방패가 막아 주듯이 그리스도의 보호를 받습니다. 우리는 '견고한 망대'(시 61:3)이신 그리스도 안에서 우리의 피난처를 발견합니다.

'그분 안에서 발견된다'는 말이 무슨 의미입니까? 우리 자신이 사라지고 대신 그곳에 그리스도, 하나님께서 기뻐하는 그분의 사랑하는 아들이 계신다는 말입니다. 우리가 우리 자신 안에서 발견될 때는 오직 진노만 있을 뿐입니다. 그러나 그리스도 안에서 발견될 때는 오직 은혜만이 가득합니다. 우리가 그리스도 안에 숨겨졌습니다. 그리고 하나님께서 우리를 찾으십니다. 하나님이 우리를 우리의 은신처로부터 찾아내실 때, 그분은 우리가 아니라 그리스도를 발견하십니다. 우리의 인격이 너무나 완전하게 뒤바뀌고, 우리가 너무나 완벽하고 영광스럽게 분장합니다. 그것은 영원히 벗겨지지 않을 분장이며, 우리가 부끄러워해야 할 이유가 전혀 없는 변장입니다. 그것은 영원히 우리의 것으로 남을 것입니다. 그것은 영원한 의입니다.[4]

---

4) 이 안에는 인격의 혼동이 없습니다. 도덕적 인격의 전이도 없습니다. 한편에 있는 본성적인 죄와 또 다른 편에 있는 본성적인 의가 교환되는 것도 아닙니다. 문자적으로나 물리적으로 동일시하지도 않습니다. 대신 재판장이신 하나님께서 우리를 우리의 대속자로 임명하신 분이 행한 사역의 모든 결과와 열매의 법에 동참한 사람으로 임명하시면서 우리에게 유리한 법적 판결과 선고를 내리십니다. "우리가 우리 안에 본래 있었던 것이 아니라 단지 우리에게 전가된 아담의 죄 때문에 죄를 지은 자가 되었듯이, 우리는 우리 안에 본래 있었던 것이 아니라 단지 우리에게 전가된 그리스도의 의로 말미암아 의롭게 됩니다"_존 오웬(John Owen). 법적인 혹은 사법적인 이 유익한 선물은 분명히 자신의 공로로 상을 받는 것과는 다릅니다. 그러나 그 유익은 공로로 받은 것만큼이나 실질적이며, 그 소유도 그만큼이나 확실하고 안전합니다. 그 유익이 법의 동의와 승인을 얻어서 의로운 방법으로 우리에게 주어져야 한다는 것은 매우 중요합니다. 그 '실재성'은 유익의 실질적인 소유와 향유에 따라 판단되지, 그것이 주어지는 방법

하나님은 그리스도의 순종에 만족하십니다. 하나님은 그분의 의로 기뻐하십니다. 그리고 우리가 그리스도의 순종과 의에 대한 그분의 증언을 신뢰하며, 그 증언의 온전함을 기초로 하여 하나님이 우리를 대하시는 것을 받아들일 때, 하나님은 우리로 인해 만족스러워하며 기뻐하십니다.

여호와께서는 인간이 범한 율법을 온전히 성취하신 그리스도로 인하여 만족하십니다. 아니, 그 이상으로 기뻐하십니다. 왜냐하면 하나님인 동시에 인간이신 그리스도의 삶만큼 완벽하게 율법의 모든 부분들을 성취한 것이 결코 없기 때문입니다. 인간이 그것을 성취하였다면, 그것은 대단한 일이었을 것입니다. 천사가 그 일을 했다면, 그것은 더욱 대단한 일이었을 것입니다. 그러나 하나님이요 인간이신 분께서 그 일을 성취하신 것은 말로 표현할 수 없을 만큼 놀랍고도 대단한 일입니다.

여호와께서는 율법을 온전히 성취한 이 거룩한 일과 그 일을 영광스럽게 성취하신 그리스도로 인하여 매우 만족하십니다. 그래서 하나님은 우리에게 내려진 율법의 모든 선고를 기꺼이 취소하십니다. 우리가 하나님의 은총에 대해 우리의 모든 주장들을 버리는 동시에 율법을 높이고, 그것을 존귀하게 만드신 하나님의 요구를 받아들이기로 동의한다면, 그분은 기꺼이 우리를 이 율법을 온전히 성취한 사역에 동참한 자로 대하실 것입니다.

에 따라 판단되지 않습니다. 그 '안정성'이 바로 우리가 합법적이고도 영광스러운 방법으로 그것을 얻게 된다는 데 있는 것입니다.

우리의 것으로 간주된 하나님의 의

'영원한 의'는 믿음을 통해서 우리에게 옵니다. 우리는 믿음으로 의롭다하심을 받고, 그 열매로 우리 주 예수 그리스도로 말미암아 하나님과 화평을 누립니다(롬 5:1 참고).

사도 베드로는 자신의 두 번째 서신을 시작하면서 '영원한 의'에 관하여 언급합니다.

"예수 그리스도의 종이며 사도인 시몬 베드로는 우리 하나님과 구주 예수 그리스도의 의를 힘입어 동일하게 보배로운 믿음을 우리와 함께 받은 자들에게 편지하노니"(벧후 1:1).[1]

---

[1] "우리 하나님과 구주 예수 그리스도의 의를 힘입어 동일하게 보배로운 믿음을 우리와 함께 받은 자들에게"(벧후 1:1)라는 말은 곧 '우리 하나님과 구주 예수 그리스도의 의를 힘입어 믿는 오늘날 우리 유대인과 함께, 그리고 과거 우리의 모든 조상들과 함께'라는 의미입니다. 다른 곳에서는 '하나님의 의'(롬 1:17, 3:5,22; 고후 5:21; 약 1:20)라고 불리는 것이 여기에서는 '우리 하나님과 구주 예수 그리스도의 의'라고

이 의는 하나님께서 그 의가 실제로 그들의 것인 양 대하실 수 있도록 믿는 모든 사람들에게 '간주' 혹은 '전가'된 의입니다. 그들은 그 의로 말미암아 의로운 재판장이신 하나님 앞에서 모든 권리를 주장할 권한을 부여받습니다. 그 의는 점차적으로 또는 부분적으로 우리의 소유가 되는 것이 아닙니다. 그것은 우리에게 단번에 옮겨집니다. 그것은 우리 믿음의 분량이나 우리 사랑의 온기나 우리 기도의 열렬함에 따라 어느 정도 우리의 것으로 간주되는 것도 아닙니다. 오히려 그 의는 통째로 우리에게 '전가'됩니다. 이는 그가 사랑하시는 자 안에서 우리에게 거저 주어지며(엡 1:6 참고), 충만히 주어집니다(골 2:10 참고).

그것은 양적으로나 질적으로 온전히 우리에게 옮겨집니다. 그 완전함이 하나님 앞에서 우리를 대표합니다. 그리고 그 보배로움이 우리를 위해 그것으로 값을 주고 살 수 있는 모든 것과 함께 지금부터 영원히 우리에게 속하게 됩니다(벧전 1:7 참고).[2]

그것에 의지하고 그것으로 인해 받아들여지기 위해서뿐만 아니라 그

불리고 있습니다. 따라서 '그리스도의 의'는 성경적인 표현입니다.
2) "너희 믿음의 확실함은 불로 연단하여도 없어질 금보다 더 귀하여 예수 그리스도께서 나타나실 때에 칭찬과 영광과 존귀를 얻게 할 것이니라"(벧전 1:7).
대제사장의 흉패에는 열두 개의 보석이 달려 있었습니다(출 28:15-30 참고). 그리고 그 보석마다 열두 지파의 이름이 새겨져 있었습니다. 거기에 새겨진 이름들은 그 이름들이 새겨진 보석의 영광과 더불어 빛을 발하였습니다. 이와 같이 우리의 이름들이 기억되기 위해서뿐만 아니라 영광을 위해서 더 큰 대제사장이신 분의 흉패에 동일한 방식으로 새겨져 있습니다. 그 이름들은 그분의 영광으로 둘러싸여 있고 그 모든 영광이 그 이름들의 것인 양 찬란한 빛을 발합니다. 홍보석과 황옥과 홍마노와 테를 두른 금의 광채가 우리의 이름과 인격과 민족을 둘러싸고 있는 어둡고 세상적인 것들을 제거해 버립니다. 그러므로 위대한 중보자의 흉패에서 빛나고 있는 하늘 보석들은 더욱더 찬란한 광채로 우리 안의 빛 없는 모든 것들을 숨길 뿐만 아니라 오직 그분께만 속해 있는 아름다움을 우리에게 더해 줍니다.

거룩한 대가로 우리를 위해 살 수 있는 모든 것을 위해서도 '택한 보배로운 모퉁잇돌'(벧전 2:6)이 그 모든 보배로움을 가지고 우리의 것이 됩니다. 우리는 전가되어 우리의 것이 된 보배로움을 가지고서 하늘의 시장에 갑니다. 그리고 우리에게 필요한 모든 것을 아낌없이 마음껏 삽니다. 하나님께서 우리를 대하실 때 더 이상 우리의 무가치함을 보시지 않을 뿐만 아니라 절대적으로 거룩하며 온전하신 분의 아름다움으로 우리의 흠이 가려졌기 때문에 우리는 그분의 이름으로 모든 것을 살 수 있습니다.

그분의 이름 안에서 우리는 하나님과 모든 거래를 합니다. 우리는 단순히 그분의 이름으로 우리의 탄원을 올려 드림으로써 우리에게 필요한 모든 것들을 얻습니다. 주님은 자신이 행하시지 않은 일로 기소되셨고, 마치 그 모든 죄들을 실제로 지은 자인 양 취급받으셨습니다. 마찬가지로 주님이 행하신 것들이 우리가 행한 것으로 간주됩니다. 하나님께서는 마치 우리가 그 모든 일들을 행한 것처럼 우리를 대하십니다.

바로 이것이 구약성경과 신약성경 모두에서 찾아볼 수 있는 '간주' 또는 '전가'의 성경적 의미입니다. 그중 몇 가지를 살펴보겠습니다.

"여호와께서 이를 그의 의로 '여기시고'"(창 15:6).

이는 곧 아브라함이 의롭다고 '간주되었고,' 그로 말미암아 전혀 다른 존재로 '여김을 받으며 대우를 받았다'는 말입니다.

"아버지가 우리를 외국인처럼 '여기는' 것이 아닌가?"(창 31:15)

이는 그분께서 우리를 자녀가 아닌 이방인인 양 '대하신다'는 뜻이 아닙니까?

"드린 자에게도 예물답게 '되지 못하고'"(레 7:18).

이는 화목제의 효력이 드린 자의 것으로 '여김을 받지 못한다'는 말입니다.

"내가 너희의 거제물을 타작 마당에서 드리는 곡물과 포도즙 틀에서 드리는 즙같이 '여기리니'"(민 18:27).

이 말씀은 하나님께서 거제물을 마치 전체 수확인 양 받으시고, 그에 따라 여러분을 '대하실' 것이라는 의미입니다.

"왕께 아뢰되, 내 주여 원하건대 내게 '죄를 돌리지' 마옵소서. 내 주 왕께서 예루살렘에서 나오시던 날에 종의 패역한 일을 기억하지 마시오며 왕의 마음에 두지 마옵소서"(삼하 19:19).

여기서는 자신을 자신의 죄에 따라 '대하지' 말아 달라고 말합니다.

"마음에 간사함이 없고 여호와께 '정죄를 당하지 아니하는' 자는 복이 있도다"(시 32:2).

이는 하나님께서 그의 죄를 '죄로 여기지 않으실' 뿐 아니라 그 모든 죄가 마치 죄가 아닌 양 그를 '대하시는' 사람은 복되다는 말입니다(시 106:31 참고).

"아브라함이 하나님을 믿으매 그것이 그에게 의로 '여겨진 바' 되었느니라"(롬 4:3).

"그의 믿음을 의로 '여기시나니'"(롬 4:5).

이 말씀은 하나님께서 믿음을 의도 아니고 의를 대신하는 대속물도 아니며, 믿는 사람을 의 가운데로 이끌어 오는 것으로 '여기신다'는 것입니다(εἰς δικαιοσύνην).

"일한 것이 없이 하나님께 의로 '여기심'을 받는 사람"(롬 4:6).

"주께서 그 죄를 '인정하지 아니하실' 사람은 복이 있도다"(롬 4:8).

"그들도 의로 '여기심'을 얻게 하려 하심이라"(롬 4:11).

"의로 '여기심'을 받을 우리도 위함이니 곧 예수 우리 주를 죽은 자 가운데서 살리신 이를 믿는 자니라"(롬 4:24).

"그들의 죄를 그들에게 '돌리지' 아니하시고"(고후 5:19).

"그것을 그에게 의로 '정하셨다' 함과 같으니라"(갈 3:6).

위의 말씀들은 하나님께서 어떤 사람에게 속하지 않은 것을 그의 것으로 간주하시며, 마치 그가 실제로 그 모든 것을 소유한 사람인 것처럼 대하신다는 사상을 매우 분명하게 제시합니다.[3]

이것이 인간을 기가 막힐 웅덩이와 수렁에서 끌어 올리시는 하나님의 방법입니다(시 40:2 참고). 그것은 단순한 죄 사함이 주는 것을 훨씬 뛰어넘고, 첫째 아담이 잃어버린 모든 것을 채우고도 남는 견고한 반석과 특권과 소망을 인간에게 수여하시는 하나님의 방법입니다. 첫째 아담의 의에 따라 의롭게 되는 것은 대단한 일입니다. 그러나 하늘의 주이신 마지막 아담의 의에 따라 의롭게 되는 것은 말로 표현할 수도 없고 마음으

---

[3] "그는……멸시를 당하였고 우리도 그를 귀히 여기지 아니하였도다"(사 53:3). 이 말씀은 곧 우리가 그분을 그분의 진정한 모습으로 간주하기를 거부했다는 의미입니다. "그는 징벌을 받아 하나님께 맞으며"(사 53:4)라는 말씀은 곧 우리가 그분을 하나님의 진노 아래에 있는 자로 간주했다는 의미입니다. 이 두 구절 안에 있는 표현은 다른 곳에서 '여기다'라고 표현되는 말과 동일한 의미입니다.

로 감히 생각할 수도 없을 만큼 엄청나게 경이로운 일입니다.

"의롭다 하신 이는 하나님이시니"(롬 8:33).

하나님께서는 우리에게 의를 전가하심으로써 이 일을 행하십니다. 그 의는 하나님께서 재판장으로서 불의한 자를 값없이 의롭다 하실 것을 보증합니다.

여호와 하나님께서 우리를 의롭다 하시는 것은 단순히 이 의 때문이 아니라 법적으로 이 의가 우리에게로 옮겨졌기 때문입니다. 그리하여 우리는 마치 의가 전적으로 우리 자신의 것인 양 그것을 사용할 수 있고 그것으로 탄원할 수 있으며, 이 의 안에서 하나님 앞에 나타날 수 있게 되었습니다.

로마 교황주의자들과 소시니안(Socinian)들은 '전가된 의'라는 교리에 매우 강하게 반박해 왔습니다. 그러나 그 교리는 하나님의 말씀에 매우 명확하게 기록되어 있어서 쉽게 읽을 수 있습니다. 그것은 위대한 성경의 진리 가운데서 희생과 대속과 보증자에 관한 본질적인 부분으로서 확고히 서 있습니다. 로마서만큼이나 레위기에서도 그 교리를 깊이 있게 다룹니다. 뿐만 아니라 이 교리는 성경 전체에 두루 퍼져 있으며, 우리 주 예수 그리스도의 십자가 안에서 그 모습을 영광스럽게 드러냅니다. 그 십자가에서 죽기까지 복종하신 순종이 이 의를 온전히 성취하였습니다 (빌 2:8 참고).[4]

---

[4] "의롭게 하는 의는 그리스도께서 이 세상에 계실 때 그분께서 하신 일과 감당하신 고난입니다. 이것은 분명한 진리입니다. 우리가 그분의 순종하심으로, 즉 '율법의 마침이 되시기까지 순종하심으로'(롬

주님은 우리의 대속자로서 인간의 육신을 입고 베들레헴에서 태어나셨으며, 우리의 대속자로서 간고를 많이 겪고 질고를 아는 자로 이 땅에 사셨습니다(사 53:3 참고). 그분은 자신의 대속을 끝까지 완수했으며, '영원한 의'(시 119:142)를 가지고 오셨습니다. 사도는 "한 사람이 순종하지 아니함으로 많은 사람이 죄인 된 것같이 한 사람이 순종하심으로 많은 사람이 의인이 되리라"(롬 5:19)라고 논증하면서 이 의를 언급합니다. 또한 그는 다른 모든 의를 포기하리라 선언하면서, "그 안에서 발견되려 함이니, 내가 가진 의는 율법에서 난 것이 아니요 오직 그리스도를 믿음으로 말미암은 것이니, 곧 믿음으로 하나님께로부터 난 의라"(빌 3:9)라고 이 의를 언급합니다. 사도는 이 의를 '의의 선물'(롬 5:17)이라고 말합니다.

"한 사람의 범죄로 말미암아 사망이 그 한 사람을 통하여 왕 노릇 하였은즉 더욱 은혜와 의의 선물을 넘치게 받는 자들은 한 분 예수 그리스도를 통하여 생명 안에서 왕 노릇 하리로다. 그런즉 한 범죄로 많은 사람이 정죄에 이른 것같이 한 의로운 행위로 말미암아 많은 사람이 의롭다하심을 받아 생명에 이르렀느니라"(롬 5:17,18).

10:4 참고) 말미암아 '의인이 되리라'(롬 5:19)라는 말씀을 듣기 때문입니다. 이 의는 그리스도의 인격 안에 있으며 그 인격과 함께 거하고 있습니다. 그것은 오직 전가를 통해서만 의롭게 하는 효력을 가집니다. 즉, 하나님께서 우리의 죄를 주 예수님의 것으로 간주하심으로써 그분을 죄인으로, 아니 오히려 죄로 여기시고 그분의 의를 우리의 것인 양 간주하심으로 이루어지는 것입니다(고후 5:21 참고). 하나님의 의는 하나님께서 성취하시고 베풀어 주시며, 믿는 모든 사람들에게 허락하시고 입혀 주신 의, 그리스도께서 행하신 일 안에 있으며 하나님의 은혜와 의로 말미암아 전가된 의입니다. 우리를 저주로부터 하나님 앞에 서게 하는 의는 이미 오래전에 그리스도께서 행하셨습니다."_존 번연(John Bunyan), 『전가된 의에 의한 칭의』(Justification by Imputed Righteousness)

우리에게 전가된 첫째 아담의 죄와 우리에게 전가된 마지막 아담의 의가 이렇게 나란히 놓여 있습니다. 이렇게 신적 대속자에게로 우리의 죄가 옮겨지는 것과 대속자의 의와 온전함이 우리에게로 옮겨지는 것은 반드시 함께 서 있거나 아니면 함께 넘어져야 합니다.

하나님의 의는 결코 평범한 의가 아닙니다. 그것은 하나님이시자 동시에 인간이신 분의 의입니다. 그러므로 그것은 하나님의 의일 뿐만 아니라 인간의 의이기도 합니다. 그것은 창조되지 않은 모든 온전함과 창조된 모든 온전함을 구현하고 나타냅니다. 일찍이 하늘에서나 땅에서나 그와 같은 것을 보거나 들은 사람이 없었습니다. 그것은 눈부시게 찬란한 하나의 중심, 즉 영광스러운 한 위격 안에서 신성과 인성이 나타난 이중적인 온전함이었습니다. 그 위격의 위엄은 그 무엇과도 동등한 적이 없었을 뿐만 아니라 결코 영원히 동등하지 못할 만큼 온전하고 광대하며, 그 너비와 길이와 높이와 깊이의 면에서도 그러합니다. 그것은 온전함 중의 온전함이며, 탁월함 중의 탁월함이요, 거룩함 중의 거룩함입니다. 그것이야말로 하나님께서 너무나도 기뻐하시는 것입니다.

일찍이 그분의 법이 그토록 완벽하게 지켜지고 그 존귀함이 그렇게 드러난 적이 없었습니다. 주님은 한 위격 안에 있는 하나님의 아들과 인자라는 두 본성으로 성부 하나님의 법을 지키셨습니다. 그리고 그 법을 지키시며 너무나 넓고도 충만하게 의를 제공하셨습니다. 그리하여 의가 다른 이들에게 나누어지고 옮겨지며 전가되고, 그 옮겨짐과 전가를 통해 죄인이 구원을 받고 하나님께서 영광을 받으시게 되었습니다.

하나님은 결코 지금과 같은 사랑을 받으신 적이 없습니다. 하나님은 하나님 자신의 모든 사랑과 인간의 모든 사랑을 받으셨기 때문입니다. 하나님은 지금 '육신으로 나타난 바 되신 하나님'(딤전 3:16 참고)이신 분에게서 받으신 것과 같이 섬김받고 순종을 받으신 적이 결코 없습니다. 하나님은 거룩한 하나님의 법을 너무나 사랑한 나머지 그 법이 영광을 받도록 기꺼이 자신을 율법의 제물로 드린 자를 이전에는 결코 발견하신 적이 없습니다. 하나님은 하나님을 향한 사랑으로 기꺼이 율법 아래 놓인 자가 될 뿐만 아니라 그렇게 율법 아래로 들어감으로써 자신을 죽음에 내놓고 십자가의 죽음에까지 이르게 한 자를 발견하신 적이 없습니다. 또한 하나님은 타락한 피조물에 대한 사랑으로 기꺼이 죄인의 자리를 대신하고 죄인의 짐을 대신 지며, 죄인의 형벌을 감당하고 죄인의 저주를 대신 받고, 부끄럽고도 고통스러운 죄인의 죽음을 대신 죽으며 어두운 죄인의 무덤 아래로 대신 내려간 자를 발견하신 적이 결코 없습니다.

전가에 대한 반론이 어떠한 형태를 띠든 그것은 결국 대속을 부정하는 것입니다. 어떤 이들은 대속적인 고난을 대속적인 순종보다 훨씬 더 비합리적인 것으로 여깁니다. 그리고 전자를 반박하는 논증들을 후자에 대해서는 더욱더 강력하게 적용합니다. 그러나 인간의 법은 대속적인 고난과 순종 두 가지를 모두 인정합니다. '자연의 법'도 그 두 가지가 존재한다는 것을 보여 줍니다. 또한 하나님의 법에 관하여도 위대한 입법자이신 그분께서 친히 두 가지를 모두 인정하십니다.

인간은 채무 상환이나 의무 이행, 재산상속과 같은 이 세상의 거래와 계약에서 기꺼이 제3자의 대리나 대표의 원리를 따릅니다. 그런데 자신과 하나님 사이에 맺어진 심판과 의에 관한 위대한 계약에서는 전혀 그 원리를 받아들이지도 않고 그에 따르려고 하지도 않습니다. 이 세상의 일시적인 것들에는 기꺼이 적용하는 원리를 영적인 것에 대해서는 불의하고 불합리한 것으로 여기면서 거부하는 것입니다.

이 원리에 따라 어떤 사람에게 다른 사람의 행위나 고난에서 비롯된 유익을 대신 누리게 하며, 어떤 사람을 대신하여 다른 사람이 그 빚을 모두 갚았다는 이유로 마치 빚을 갚지 않은 원래 당사자가 빚을 모두 갚은 것처럼 대합니다. 또한 이 원리에 따라 어떤 사람이 일생 동안 수고하여 얻는 선물과 열매로 거기에 조금도 기여한 적이 없는 다른 사람이 부를 늘리게 되고, 소유지를 확대할 법적인 권리가 있다고 인정받습니다.

이처럼 사람들은 이 세상의 좋은 것들에 대해서는 그것이 무엇이든, 얼마만큼이든 관계없이 자신들이 그것을 받을 만한 행위를 전혀 하지 않았더라도 그것들을 받아들이는 데 반대하지 않습니다. 그러나 하나님의 은혜를 받아들이는 것, 하나님 앞에서 대속자가 행하고 고난받으신 것으로 말미암아 의 가운데 서 있기는 거부합니다. 그들은 세상의 것들에 대해서는 다른 이가 자신을 대리하는 것을 기꺼이 받아들입니다. 그러나 하늘의 것에 대해서는 결코 받아들이려고 하지 않습니다. 그들은 세상에서의 대리는 완전히 공정하고 의로우며 합법적이지만, 그리스도의 대리는 불합리하고 그들의 이해력을 모욕하며 그들의 가치를 떨어뜨리는 것이라고 여깁니다! 만약 그들이 이 세상의 복을 얻으려고 하는 만큼 하늘의 복을 얻기를 소원한다면, 그들은 다른 이가 행한 일의 결과로 받아들여지는 것에 대하여 그렇게 망설이거나 반대하지 않을 것입니다.

하나님께서 그리스도가 우리를 대리하도록 기꺼이 정하고 받아들이셨다면, 우리가 어찌 감히 그분이 우리를 대리하시는 것을 거부하겠습니까? 하나님께서 그리스도의 순종을 근거로 우리를 대하시고 그 순종을 마치 우리의 것인 양 간주하기로 기꺼이 정하셨다면, 우리가 어찌 감히 그러한 복 주심의 방식을 거부하고, 그것을 불의하고 불가능한 것이라고 말할 수 있겠습니까? 법적으로 다른 사람의 이름이나 권리를 사용할 수 있도록 권한을 부여받음으로써 자기의 공로를 뛰어넘는 대우를 받는 이 '대리'의 원칙이나 이론이 세상의 모든 계약에서 행해집니다. 그런데 왜 하늘의 계약에는 이 원칙이 적용될 수 없다는 말입니까?

'전가된 의'라는 말이 실제로 성경에 나와 있지 않다는 이유로 그것을 거부하는 것은 참으로 어리석은 일입니다. 기독교, 삼위일체, 성찬, 완전축자영감설 등의 용어도 성경에서 찾을 수 없습니다. 그러나 이러한 말들이 진정으로 정확하게 나타내고 있는 것이나 대상, 또는 진리가 성경에 존재하기 때문에 그 용어는 실제로 정확한 개념으로 받아들여질 수 있고, 아무런 망설임 없이 사용될 수 있습니다. 따라서 그에 대해 반대하는 것은 진리를 추구하는 단순한 믿음이라기보다는 오히려 무

조건 이의를 제기하기 위한 논리일 뿐입니다.[5] 제3자의 대리라는 하나님의 '이론' 또는 교리를 받아들이려 하지 않는 것은 단지 그가 복에 대해 무관심함을 드러내는 것입니다.

어떤 사람들은 그 교리가 철저하게 우리의 모든 탁월함이나 공로를 버리게 하는 방법이라는 이유로 분개합니다. 사람들은 자신들을 위한 왕국을 만들려고 합니다. 그들은 스스로 영원한 생명을 받을 자격을 갖추려고 애씁니다. 그들은 죄 사함이나 의를 아무 대가도 치르지 않고 다른 이의 손에서 받으려고 하지 않으며, 자신들의 행위로 그것을 얻을 수 있다고 여기고, 대리자가 대신 그 빚을 갚아 주는 것을 원하지 않습니다. 그들은 대리 또는 대속의 계획이 자기 자신을 비참하고 보잘것없는 존재로 만드는 것 같아 보이고 껄끄럽다는 이유로 그것을 불합리하

---

[5] 1655년 안소니 버지스(Anthony Burgess)는 전가에 대하여 다음과 같이 말합니다. "믿는 자가 소유한 의는 전가된 것입니다. 그것은 그의 것으로 간주되고 여겨진 의입니다. 그것은 그가 본래 그의 내면에 지니고 태어난 것이 아니라 하나님께서 그리스도로 말미암아 마치 그가 그것을 소유하고 있는 사람인 양 그를 귀하게 여기시며 완전히 의로운 사람으로서 대하시는 것입니다. 이것은 적극적인 의가 아니라 수동적인 의입니다. 이것은 우리가 받은 의이지 우리가 행한 의가 아니기 때문입니다. 이교도들은 다른 것에는 서로 반목하는 반면, 이 교리에 대해서만큼은 만장일치로 뜻을 같이하여 반대합니다. 가톨릭에서 그것에 대하여 어떤 비난과 조롱을 일삼는지는 너무나 잘 알려져 있습니다. 그들은 그것을 단순한 추정이나 상상 속의 의라고 부릅니다. 소시니안들은 그것을 혐오합니다. 카스틸리안들은 자신들이 전가된 지식과 겸손을 소유하고 있다고 말하면서도 그 의를 비웃고 조롱합니다. 알미니안들은 의로 설명되는 믿음을 인정하면서도 그리스도의 의가 우리에게 전가되었다고 말하는 것을 개신교도들의 머릿속에서 나온 우상이라고 생각합니다. 그리고 그것을 성경 어디에서도 찾을 수 없다고 말합니다. 그러나 우리는 성경이 전가된 의에 대하여 빈번히 언급하고 있으므로 그것이 전혀 반박할 거리가 될 수 없으며, 오히려 전적으로 받아들일 만한 가치가 있다는 사실만으로 만족합니다. 분명히 너무나 완벽하고 거룩하신 하나님 앞에서 견뎌 낼 수 있을 만한 의를 본래 가지고 있다고 생각하는 사람은 우리 가운데 단 한 사람도 없을 것입니다. 그러므로 우리는 그러한 영광스러운 옷을 제공해 주신 하나님의 선하심과 자비하심으로 인하여, 우리가 완전히 벌거벗은 모습으로 그분 앞에 섰을 때 어떤 인간이나 천사도 가져다 줄 수 없었던 우리를 위한 의를 얻었다는 사실로 크게 기뻐해야 합니다."

고 의롭지 못하다고 여깁니다. 그들은 자신의 수고나 선행과는 전혀 상관 없는 계약에 따른 이 땅의 유산은 받아들이면서도 그에 따라 하늘의 유업을 받아들이는 것은 거부합니다.

   재판장은 반드시 의롭다 하거나 심판해야 합니다. 여호와 하나님께서 바로 재판장이십니다. 따라서 심판하고 의롭다 하는 것이 그분의 일입니다. 하나님은 자기 앞에 나오는 인간 안에 죄를 부어 주고 나서 심판하시지 않습니다. 마찬가지로 하나님은 죄를 사해 주기 위해 죄인 안에 의를 부어 줌으로써 의롭다 하시지도 않습니다. 하나님은 재판장의 자격으로 죄를 사해 주십니다. 하나님은 단지 죄를 사해 주거나 없애 주는 것으로 끝내지 않고 그 이상의 일을 행하십니다. 하나님은 의로운 사면을 선포하기 위해 의의 주장을 충족시키시고자 자신의 원래 자리인 무죄한 자리, 더 높은 자리를 값없이 죄인의 자리와 바꾸십니다. 그러고는 너무나 완벽하게 죄를 사하십니다. 하나님은 불의한 자를 위하여 의로운 자가 대리 또는 대속하는 방법을 통해 죄를 사하셨습니다. 그리고 그 방법을 통하여 죄 사함을 받은 인간을 더 영광스러운 지위로 끌어올리셨습니다. 무한한 위엄을 지니신 하나님의 아들이 대리자와 대속자가 되셨습니다. 그러므로 그분의 존재와 그분이 행하신 사역의 탁월함이 다른 이에게 전가되거나 그의 것으로 간주될 때, 그는 (만일 그러한 일이 행해지지 않았더라면 결코 소유할 수 없었을) 비교할 수 없이 높은 존재로 대우받을 권리를 부여받게 되었습니다.

   어떤 이들은 마치 우리가 실제로 예수님만큼 의로운 자가 된 것처럼,

마치 예수님같이 하나님과 가까운 존재가 된 것처럼, 마치 예수님만큼 무한한 하나님 아버지의 사랑의 대상이 된 것처럼, 전가를 지나치게 강조하고 절대적인 용어로 표현합니다. 그래서 지혜롭지 못한 표현으로 불필요한 공격과 이의를 제기하는 데 명분을 제공하곤 합니다. 그렇다고 할지라도 예수 그리스도를 믿는 사람은 믿은 순간부터 하나님께 그 모든 죄를 사면받을 뿐만 아니라 그분의 무한하신 의를 합법적으로 소유하게 된다는 것은 사실입니다. 그 결과 의가 부여하는 모든 권리들이 그의 소유가 되고, 온전하신 분의 온전하심으로 말미암아 하나님께서 마치 그 온전함이 그 사람의 것인 양 그를 대하신다는 것도 분명한 진리입니다.

"주께서 그러하심과 같이 우리도 이 세상에서 그러하니라"(요일 4:17).

우리가 불완전한 상태에 있는 지금 이 순간조차도, 그리고 비록 우리가 부정한 입술을 가진 사람들이라 할지라도, 성경에 기록되어 있듯이 '그리스도 예수 안에 있는 자에게는 결코 정죄함이 없습니다'(롬 8:1 참고). 우리는 장래의 노하심에서 건짐을 받을 뿐만 아니라(살전 1:10 참고) 심판에 이르지 않고(요 5:24 참고), 모든 일에 그리스도를 힘입어 믿는 자마다 의롭다하심을 얻습니다(행 13:39 참고). 우리는 그 안에서 하나님의 의가 됩니다(고후 5:21 참고).

이 계약은 차용하는 것이 아닙니다. 우리에게 옮겨진 온전함은 하나님께서 주신 것이지 빌려 주신 것이 아닙니다. 그것은 법에 따라 우리의 것이 되며, 모든 법의 영역에서 우리의 것이 됩니다. 처음부터 끝까지 실제로 우리의 것이었던 것처럼 완전히 우리의 것이 되어 효력을 발휘합니다.

　이것은 죄인과 하나님 사이에 맺어진 실질적인 계약입니다. 이 계약은 죄인이 실제로 빚을 완전히 지불하고 모든 지불 요구에 대해 법적으로 사면권을 획득한 것과 같은 모든 법적인 결과들을 수반합니다. 그가 큰 빚을 진 분에게서 그 모든 것을 갚았다는 영수증을 받는 것입니다.

　이 계약은 관련 당사자들이 쌍방 어느 쪽도 손해를 입지 않는 상태에서 충분히 만족하여 서로 동의하는 약속입니다. 아니, 오히려 이 계약은 스스로는 심판 아래에서 형벌을 받을 수밖에 없는 자들이 그 형벌을 받음으로써 직접 대가를 치르는 방식보다 양쪽 모두에게 더욱 유익한 지불 방식입니다. 이와 같이 어느 누구에게도 불의가 행해지지 않을 뿐만 아니라 오히려 정의보다 더 나은 것이 모든 사람들에게 행해지고, 그 누구도 사취(詐取)당하지 않을 뿐만 아니라 오히려 모두가 각자 자기의 몫보다 훨씬 더 많은 것을 얻는 이러한 전가를 가리켜, 법을 어기고 의의 나라의 원칙을 파괴하는 것이라고 말하는 것은 얼마나 어리석고도 터무니없는 주장인지요!

　이 계약은 죄에 대하여 무관심한 것도, 의와 불의 사이의 구별을 없애는 것도 아닙니다. 이 계약은 우리가 생각할 수 있는 모든 것 중에서 악에 대한 분노를, 죄에 대한 증오를, 온전함을 떠난 모든 것에 대한 거룩한 미움을, 하나님께서 자신의 법에 대하여 품고 계신 모든 관심을, 의에 대한 그분의 두려울 만큼 큰 인정을 가장 잘 보여 줍니다. 또한 그것은 어떠한 대가를 치르더라도, 설령 아들의 죽음이라는 대가를 치른다고 할지라도, 우주의 의로운 기반과 그분의 영원한 보좌의 거룩함을 지키기 위해 기꺼이 그것을 감당하겠다는 그분의 결단을 가장 잘 보여 줍니다.

하나님의 그리스도께서 이 땅에서 간고의 삶을 사시는 동안 그분이 단지 고난받는 인류나 악한 사람들 아래서 잠잠히 참는 자의 본에 불과했다면, 이 중 어느 하나도 확증되거나 입증되지 않았을 것입니다. 만일 그렇다면, 그분은 그 어떤 거룩함이나 평온함도 없이 단지 모든 것이 안전한 정박지(碇泊地)로부터 떨어져 나와 각각 통제할 수 없는 혼란 속에서 서로를 향해 돌진해 가는 혼란스럽고도 무질서한 이 세상의 단편에 지나지 않았을 것입니다.

또한 만일 그렇다면, 주님은 선에 대해 악이 승리하고 옳은 것에 대해 잘못된 것이 승리하며 하나님께 대해 사탄이 완벽하게 승리하는 것을 보여 주는 본에 지나지 않았을 것입니다. 그랬다면 우리는 그분의 삶으로부터 오직 비참한 결론만을 끌어낼 수 있었을 것입니다. 즉, 하나님께서 자신이 창조하신 세상에 대한 통제권을 잃어버리셨으며, 죄가 하나님께서 통제하거나 소멸시키기에 너무나 막강해졌다는 결론에 이르렀을 것입니다. 또 하나님께서 하실 수 있는 가장 좋은 것이 고작 고난받는 거룩함이라는 보기 어려운 본을 제시하는 것뿐이라는 결론에 이르렀을 것입니다. 그리고 이 세상이 그분 자신을 짓밟도록 그분이 허용하셨다는 결론에 이르렀을 것입니다. 그렇다면 의는 괴롭힘과 멸시를 받는 세월을 보낸 후에 철저하게 무능력한 모습으로 인생의 들녘에서 물러나야만 했을 것입니다. 그리고 이제 어느 누구도 막을 수 없게 된 악의 통치를 허용해야만 했을 것입니다.

이처럼 십자가가 단순히 자기희생과 온유한 인내의 효시에 불과하다면, 이 세상에 대한 소망이 전혀 없습니다. 우리는 항상 수난 당하는 거룩한 분이 죄를 지고 가시는 사역과 관련하여 하나님께서 자신의 강력한 목적을 가지고 계시다고 생각해 왔습니다. 잠시 동안 죄가 마음껏 활개치도록 허용하면서 철저하게 그것을 넘어뜨리고, 이 세상에서 도덕적, 물리적인 모든 악을 깨끗하게 쓸어버릴 힘을 준비하고 기르는 것입니다. 그런데 십자가에 달리신 그리스도께서 단지 자기를 부인한 한 인간에 불과하다면, 지금까지 우리가 보았던 몇몇 영웅들이나 순교자들이 도저히 근절할 수 없었던 악에 대해 항변하기 위하여, 그리고 삶과 죽음 속에서 자신의 시대에 대항하여 진리와 의를 증언하고자 일어나 악을 무너뜨리기 위하여 행한 모든 사역들은 헛된 노력에 불과했을 것입니다.

이 계약은 모든 관점에서, 그리고 관련 당사자들의 입장과 이익의 면에서 철저하게 의로웠습니다. 그것은 값없이 주신 하나님의 사랑이 인간에게로 흘러 내려오는 의로운 통로입니다. 그것은 죄 사함을 위한 의로운 초석을 놓습니다. 그것은 회심하고 돌아오는 죄인을 향한 의로운 환영을 보장해 줍니다. 그것은 의롭다하심을 받은 자가 마땅히 받아야 하는 유죄 판결을 받음으로써 얻게 되는 의보다 그를 훨씬 더 의롭게 만들어 줍니다. 그것은 심판받아야 할 사람의 유죄 판결을 의심할 여지 없이 의롭게 만들 뿐만 아니라 무한하고도 변경할 수 없는 의를 증명하고 그 표증이 됩니다.

어떤 종류이든 의가 없이는 칭의도 있을 수 없습니다. 그리고 그 의의 본질이나 가치에 따라 칭의가 정해집니다. 칭의는 반드시 의롭게 하는 의와 동일한 가치를 지닙니다. 의가 빈약하고 유한하다면, 의롭다 하심을 받은 자로서의 우리의 위치도 그와 동일하게 빈약하고 유한할 것입니다. 반면 의가 영광스럽고 거룩하다면, 우리의 위치도 그러할 것입니다.

하나님께서는 의롭다 하시는 분으로서 그 의의 탁월함에 따라 행하시며, 그 가치에 따라 대우받으리라 동의한 모든 사람들의 권리를 인정하십니다. 따라서 그들의 믿음이 아무리 연약하다 할지라도 믿는 자들 개개인을 의의 요구에 따라 대하십니다. 그러하기에 우리는 우리를 위해 주장할 수 있는 모든 것들을 요구하고 기대할 수 있습니다. 하나님께서는 그 모든 것들을 분명히 베풀어 주실 것입니다. 우리가 믿음으로 우리를 대리하시도록 동의한 바로 그분께서 우리를 위해 자신의 이름으로 그 권리들을 주장하십니다. 그 이름의 요구는 그 누구도 결코 저항하지 못할 만큼 의롭습니다.

우리가 율법을 범한 자로서 져야 할 법적 책임이 그분께로 옮겨졌습니다. 그리고 그분이 율법의 완성자로서 가진 권리가 우리에게로 옮겨졌습니다. 이것은 성품의 전가나 인격의 교환을 의미하는 것이 아닙니다. 이것은 부채나 책임의 전가, 또는 법적인 요구의 교환입니다. 두 명의 채무자에 관한 우리 주님의 비유에는 죄인과 하나님 사이의 소송 사건이 그려져 있습니다. 이 사건은 참으로 놀랍습니다. 그 의미를 다음과 같이 요약할 수 있습니다.

"갚을 것이 없으므로 둘 다 탕감하여 주었으니, 둘 중에 누가 그를 더 사랑하겠느냐?"(눅 7:42)

여기에는 우리의 완전한 파산과 하나님의 완전한 채무 이행이 있습니다. 이 일이 다 행해진 후에는 율법이 우리에게 뭐라고 말할 수 있겠습니까?

"의롭다 하신 이는 하나님이시니"(롬 8:33).

우리는 모두 파산한 사람들입니다. 우리가 소유한 재산이 하나도 없습니다. 하나님께서는 그 소송 사건을 보시고는 우리를 긍휼히 여기며 모든 것을 깨끗하게 해결해 주십니다.

이 '대리'에 관하여 몇몇 사람들은 '허구'라는 표현을 사용합니다. 그러나 괴로워하거나 놀라지 마십시오. 우리가 해야 할 질문은 "우리가 이 계약이 담고 있는 추상적인 개념을 완전히 명확하게 설명할 수 있는가?"가 아니라, "그것이 우리로 하여금 하나님 앞에서 새로운 신분으로 서게 하는 법적 결과를 가져오는가? 하나님과 맺은 모든 계약에서 무한히 완벽한 죽음으로 인해 우리가 무한히 완벽한 생명을 누리게 되었으며 아무것도 지불할 수 없는 자들을 위해 대신 지불되었음을 탄원할 권한을 주는 법적 결과를 가져오는가?"가 되어야 합니다.

"은혜도 또한 의로 말미암아 왕 노릇 하여 우리 주 예수 그리스도로 말미암아 영생에 이르게 하려 함이라"(롬 5:21).[6]

하나님께서 값없이 주신 사랑은 스스로를 위한 의로운 통로를 발견하였습니다. 그리고 그것을 통하여 경건하지 않은 자들에게 모든 충만함 속에서 그 사랑이 흘러갑니다. 믿는 자는 모든 것을 은혜로부터 받지만, 그와 동시에 모든 것을 의로부터, 곧 절대적이며 거룩하고 완벽한 의에 따라 행하시는 의로우신 하나님의 손으로부터 받기 때문입니다.

하나님 앞에서 다른 이가 자신을 대리하는 것을 거부하는 사람은 반드시 자기 자신이 직접 서야 합니다. 그는 자기 안에 있는 자신의 모습이나 행위의 능력에 의지하여 하나님께로 나아가야 합니다. 그가 만일 성령 하나님의 분명한 선포와 그리스도가 그분 자신에 대해 단언하신 것을 믿으려 하지 않으면서도 자신의 양심으로 하여금 "이는 그로 말미암아 우리 둘이 한 성령 안에서 아버지께 나아감을 얻게 하려 하심이라"(엡 2:18), "내(그리스도)가 문이니"(요 10:9), "내(그리스도)가 곧 길이요"(요 14:6)라고 말하게 한다면, 하나님께 계속해서 그렇게 나아가는 것이 합당할까요?

만일 어떤 사람이 자신의 인격이 불완전하기 때문에 하나님 앞에 가까이 나아가기에 적합하지 않다는 것을 깨닫고서, 하나님의 아들이 자신을 대리하고 그분의 요구와 공로로 인간을 향한 요구와 공로를 대신

---

[6] '의로 말미암아'는 능동적인 수단이고, '우리 주 예수 그리스도로 말미암아'는 효과를 발생시키는 원인입니다. 하나님은 의롭게 하시며, 그리스도는 이유와 원인이 되시며, 의는 수단과 도구가 됩니다.

하여 주기를 원한다고 합시다. 그렇다면 그에게 의로우신 하나님이자 재판장이신 분께서 다른 이의 온전함을 법적으로 그에게로 옮기심으로써, 그의 모든 불완전함에도 그를 받아 주신다는 것을 알려 주십시오. 그리고 하나님께서 그에게 의를 주신 것을 알려 주십시오. 그 의는 모든 죄로부터 그를 깨끗하게 하고 그의 모든 죄의 대가를 온전히 치르기에 충분할 뿐만 아니라, 그가 스스로 할 수 있는 수고나 공로나 선행을 수천 배나 더한다고 하더라도 도저히 얻을 수 없는 새로운 지위와 위엄으로 그를 높이기에 충분합니다.

"오직 그리스도는 만유시요 만유 안에 계시니라"(골 3:11).

이것을 아는 사람은 온전히 만족하게 하고 새 힘을 주는 것이 무엇인지를 아는 사람입니다. 이것이 최선임을 아는 사람은 가장 깊은 평안, 진정한 평안을 소유한 사람입니다. 자신이 항상 죄인이지만 또한 항상 의로우며, 항상 불완전하지만 또한 항상 완전하고, 항상 공허하지만 또한 항상 충만하며, 항상 가난하지만 또한 항상 부요하다는 비밀을 그가 깨달았기 때문입니다. 우리는 그 충만함에 대하여 "깊이 마시라. 그렇지 않으면 맛을 볼 수 없다"라고 말하지 않을 것입니다. 맛을 보는 것조차도 복을 받는 것이기 때문입니다. 대신 우리는 이렇게 말할 것입니다. "깊이 마시라." 왜냐하면 가장 깊이 마시는 사람이 가장 거룩한 사람일 뿐만 아니라 가장 행복한 사람이기 때문입니다.[7]

---

[7] "의롭다하심을 위하여 항상 그리스도를 의지하면서 사는 것이 낮고 비굴하며, 가장 낮은 곳에 거하는 것이라고 결코 생각하지 마십시오. 왜냐하면 여러분이 하나님 앞에서 그분의 가치 있는 의의 수단에

그 인격의 탁월함과 제물로서의 합당함과 대속적 가치에 관한 주 예수 그리스도의 온전하심을 깨닫는 것만이 유일하게 죄인의 심령과 양심에 만족을 줍니다. 그분의 온전하심은 심령이 의지할 수 있는 모든 아름다운 것들 중에서도 가장 아름다운 것으로 심령을 만족시킵니다. 또한 두려움에 떨고 있는 양심으로부터 스스로의 권리를 주장하려는 모든 근거들을 제거해 줄 수 있는 유일한 것으로서 그분의 온전하심을 제공함으로써 양심을 만족시킵니다.

'하나님의 그리스도'(눅 9:20)이신 그분의 인격에 대해 진정으로 알고 그분의 온전한 희생을 인정하며 그분께 생기 있게 접붙임되는 것만이 인간이 빠져 있는 나쁜 조건을 해결할 수 있습니다. 그것만이 인간을 기가 막힐 웅덩이와 수렁에서 끌어 올리고 그 발을 반석 위에 두사 걸음을 견고하게 하십니다(시 40:2 참고). 뿐만 아니라 타락한 아담의 후손을 끌어올려 다른 어떤 값비싼 것으로도 성취할 수 없었던 평안과 거룩의 자리에 앉힙니다.

"하나님이 죄를 알지도 못하신 이를 우리를 대신하여 죄로 삼으신 것은"

대해 생각하지 않는다면 여러분이 금세 공허하고 헛된 생각들로 가득 차게 될 것이기 때문입니다. 여러분은 잘못된 생각들과 허상들에 빠지게 될 것입니다. 그것들은 자양분을 공급하는 이성을 지켜 주는 것이 아니기 때문입니다. 왜 항상 그리스도를 의지하여 살 수 없습니까? 특히 그리스도께서 그분의 보혈의 공로에 의지해 당신을 옹호하시고, 하나님의 진노와 율법의 저주로부터 그분의 무한하신 의로 당신을 덮으시며, 하나님과 영혼 사이에서 중재자로 서 계시는데, 왜 당신은 항상 그리스도를 의지하여 살 수가 없는 것입니까? 그분의 은혜가 아니었다면 당신을 삼켜 버렸을 모든 것에 대하여 의로운 자로서, 의롭다하심을 받는 자로서 당신의 인격이 하나님 앞에 서 있다는 것을 아는 보다 더욱 의지할 만큼 큰 위로가 있겠습니까? 하나님과의 화평과 천국에 대한 확신이 당신과는 아무 관계가 없는 이야기인 것 같아서 그 기초를 무시하고 심지어 그리스도의 피와 의에 대한 믿음조차도 가볍게 여기는 것은 아닙니까?"_존 번연, 『전가된 의에 의한 칭의』

(고후 5:21).

바로 이 기초 위에 우리가 영원히 서 있습니다. 하나님의 대속자가 우리의 모든 법적 책임을 이행하여 우리를 구원으로 인도합니다. 이 법적 책임은 참으로 무서운 것입니다. 우리가 그것을 제거하려고 아무리 노력한다 하더라도 우리는 결코 성공할 수 없습니다. 그런데 이런 죄인의 모든 법적 책임이 완전히 만족되어야 합니다. 죄인에 대한 법적 요구들은 결코 철회될 수 없습니다. 그것들은 의로운 요구들입니다. 따라서 반드시 의롭게 해결되어야 합니다. 하나님께서는 우리를 위해 그것을 해결하시고자 그것을 감당하고 책임질 수 있는 분에게로 전가하는 방법을 제시하십니다. 이 영원한 해법의 기초가 바로 십자가에 있습니다. 그 기초 위에서 하나님은 어떠한 죄인이라도 기꺼이 그의 모든 책임과 부채가 완전히 소멸된 것으로 여기십니다.

둘째 아담이 의로운 분으로서 오신 까닭은, 첫째 아담이 그의 불의를 통해 행한 모든 것을 자신의 의를 통해 해결하고 회복시키기 위함입니다. 그러나 죄의 권세가 얼마나 큰지, 의가 불의의 행동 하나하나를 해결하고 회복시키는 데는 33년이라는 시간이 걸렸습니다. 한 율례에 대하여 한 번 불순종한 한 가지 악을 해결하기 위해서는 한 사람이 평생 동안 하나님의 모든 율법에 순종해야 합니다. 오직 그렇게 할 때만 인간은 하나님께서 받아들이고 율법이 복을 받을 자로 인정하는 의로운 조건을 만족시킬 수 있습니다.

우리의 인격이 아니라 우리의 책임이 그리스도께로 옮겨집니다. 하나님께서 우리를 받아들이시는 이 전가라는 방식을 통해 우리가 모든 죄로부터 사함을 받고 '결코 정죄함이 없는'(롬 8:1 참고) 상태로 들어가는 온전한 교환이 이루어집니다. 죄는 그리스도를 우리의 대속자로 간주하고, 의는 우리를 그 대속자를 받아들인 자로 간주합니다. 이것이 구속이고 평화이며 영원한 생명입니다.[8]

---

[8] "그러므로 당신의 양심이 과거의 죄를 기억하여 완전히 두려움에 빠질 때, 그리고 사탄이 당신을 두려움에 빠뜨리고 그리스도로부터 멀어지게 하고 절망 속으로 몰고 가려고 계속해서 죄의 무더기와 홍수와 바다로 압도하며 엄청난 파괴력으로 공격할 때, 당신이 강한 확신을 가지고 하나님께서 그 아들 그리스도를 의롭고 거룩한 자들을 위해서가 아니라 불의한 죄인들을 위해서 주셨다고 말할 수 있도록 부지런히 애쓰십시오. 유혹의 때뿐만 아니라 위험과 죽음으로 투쟁하는 때도 반드시 그렇게 해야 합니다. 만일 내가 의롭고 아무 죄도 없다면, 나에게는 나와 하나님 사이를 화목하게 하는 이로서의 그리스도가 필요 없었을 것입니다.
그렇다면, 오, 까다롭도록 거룩한 사탄아, 너는 내 안에 오직 죄 외에는, 너무나 커다란 죄 외에는 아무것도 없을 때 나를 거룩하게 하고 내 안에서 의를 찾게 만들 것이냐? 가장된 죄나 사소한 죄가 아니라 부정, 의심, 절망, 하나님에 대한 경멸, 미움, 무지, 하나님께 대한 신성모독의 죄, 감사할 줄 모르고 하나님의 이름을 욕되게 일컬으며 하나님의 말씀을 무시하고 싫어하고 경멸하는 것과 같이 십계명의 첫 돌판의 명령을 거역하는 죄들 외에는 다른 아무것도 발견할 수 없을 때 나를 거룩하게 하고 내 안에서 의를 찾게 만들 것이냐?"_마틴 루터

7장
그리스도로 말미암는 구원

　우리가 복음을 믿으면 그 직접적인 결과로 의롭다하심을 받습니다. 우리는 이 기쁜 소식을 믿는 모든 사람들을 의롭다 하시리라는 하나님의 약속을 믿음으로써 우리 자신이 의롭다하심을 받았음을 압니다. 왜냐하면 하나님이 그렇게 증언하실 뿐만 아니라 그 증언을 믿는 모든 사람들에게 영원한 생명을 확신시켜 주는 약속이 주어지기 때문입니다. 그러므로 먼저 복음을 믿고, 그다음에 약속을 믿습니다. 약속을 믿는다는 것은 결국 어디에서나 복음의 메시지와 짝이 되어 우리에게 주어지는 약속을 우리가 단지 받아들인다는 것입니다. 복음을 믿으면 영혼이 구원받습니다. 그리고 바로 이 약속에 대한 믿음이 우리로 하여금 이 구원을 확신하게 해 줍니다.

　그러나 믿음 자체는 우리의 의가 아닙니다. 믿음은 의로 여겨질 뿐이지 그 자체가 의는 아닙니다.

"일을 아니할지라도 경건하지 아니한 자를 의롭다 하시는 이를 믿는 자에게는 그의 믿음을 의로 여기시나니"(롬 4:5).

왜냐하면 믿음이 우리의 의가 된다면, 그것이 인간의 다른 모든 행위들처럼 공로가 될 것이기 때문입니다. 믿음은 하나님의 아들의 의와는 비교할 수조차 없습니다. 성경은 '믿음을 따르는 의'(히 11:7)라고 말합니다. 즉, 믿음은 우리를 의와 연결시켜 줍니다. 따라서 믿음은 의와 철저하고도 완전하게 구별됩니다. 이 둘을 혼동하는 것은 하나님의 은혜의 복음을 파괴하는 것입니다. 우리의 믿음의 행위는 우리가 믿는 실체와 반드시 구별되어야 합니다.

사람이 비록 아무 행위도 하지 않았다고 할지라도, 그리고 그의 믿음도 의롭지 못하다고 할지라도, 하나님께서는 믿는 자를 모든 의를 행한 자로 여기십니다. 이런 의미에서 믿음이 우리에게 의로 여겨지며, 우리가 '믿음으로 의롭다하심'을 받습니다(롬 5:1 참고). 믿음은 일이나 도덕적인 행위로, 하나의 선행이나 성령의 은사로 우리를 의롭게 하는 것이 아닙니다. 믿음은 단순히 우리와 대속자를 묶는 끈이 되어 우리를 의롭게 합니다. 그 끈은 어떤 의미에서 매우 연약하기 짝이 없어 보이지만, 또 다른 의미에서 보면 강철만큼이나 강하고 단단합니다.

우리는 그리스도가 우리를 위하여 행하신 사역을 믿습니다. 그리고 성령께서 우리 안에서 행하시는 사역으로 말미암아 이 믿음이 생겨납니다. 우리의 평안과 칭의는 전자에서 비롯된 것이지 후자에서 비롯된 것이 아닙니다. 지팡이로 바위를 치지 않았다면 물은 솟아 나오지 않았을 것입니다. 그러나 물을 담고 있었던 것은 지팡이가 아니라 바위였습니다(민 20:11 참고).

희생 제물을 성막으로 가지고 오는 사람은 양이나 수소의 머리에 안수해야 했습니다. 그렇게 하지 않으면 그 제물은 그 사람을 위한 것으로 열납되지 않았습니다. 그러나 안수하는 행위 자체는 그가 손을 얹은 희생 제물이 아닙니다. 뱀에 물린 이스라엘 백성들이 낫기 위해서는 장대에 매단 놋뱀을 바라보아야 했습니다(민 21:8,9 참고). 그러나 그들이 바라본 행위 자체는 놋뱀이 아닙니다. 우리는 주님께서 "네 믿음이 너를 구원하였느니라"(눅 18:42)라고 말씀하신 것을 근거로 제시하면서 바라본 행위 자체가 그를 치유했다고 말할지도 모릅니다. 그러나 이 말씀은 비유적인 표현입니다. 그들을 치유한 것은 바라보는 그들의 행위가 아니라 그들이 바라본 대상이었습니다. 그러므로 믿음은 결코 우리의 의가 아닙니다. 그것은 단지 우리를 의로우신 분과 엮어 주며, 우리를 그분의 의에 참여하게 만들어 줍니다.

말의 본질적인 특성상 믿음은 실제로 단지 다른 이에 의해 우리가 구원받는 것에 동의하는 것일 뿐인데도, 종종 실제보다 더 위대한 것으로 과장되곤 합니다. 믿음의 위대함은 그것이 붙잡고 있는 대상이 위대하고 그것이 받아들이는 의가 탁월한 데서 비롯됩니다. 믿음이 귀한 것은 그 자체가 귀하기 때문이 아니라 그 믿음이 우리와 이어 주는 대상이 귀하기 때문입니다.

믿음은 우리를 치료해 주는 의사가 아닙니다. 믿음은 단지 우리를 의사에게로 데리고 갈 뿐입니다. 또한 믿음은 우리를 치료하는 약도 아닙니다. 믿음은 단지 우리의 모든 병을 고치는 분이 거룩하게 준비하신 약을 투여해 줄 뿐입니다(시 103:3 참고). 우리의 모든 믿음에서 하나님께서 이스라엘 백성들에게 주신 말씀을 기억합시다.

"나는 너희를 치료하는 여호와임이라"(출 15:26).

우리의 믿음은 단지 예수님을 만지는 것입니다. 그러나 실제로 그것은 그분께서 우리를 만지시는 것이 아닙니까?

믿음은 우리의 구원자가 아닙니다. 베들레헴에서 태어나 골고다 언덕에서 우리를 위해 죽은 것은 믿음이 아닙니다. 우리를 사랑한 것도 믿음이 아니며, 우리를 위하여 자기 자신을 내준 것도 믿음이 아닙니다. 우리의 죄를 친히 몸으로 담당하고 십자가에 달린 것도 믿음이 아니며, 우리의 죄를 속하기 위해 죽었다가 다시 살아난 것도 믿음이 아닙니다. 믿음과 구주는 다릅니다. 믿음과 십자가도 다릅니다. 이것을 혼동하지 마십시오. 오직 살아 계신 하나님의 아들에게만 속해 있는 것들을 보잘것없고 불완전한 인간의 행위에 속한 것으로 여기지 마십시오.

믿음은 완전하지 않습니다. 그런데 우리는 자신의 완전함이든 다른 이의 완전함이든, 오직 완전함에 의해서만 구원받을 수 있습니다. 불완전한 것은 의롭게 하지 못합니다. 불완전한 믿음은 어떤 의미에서든 의가 될 수 없습니다. 반드시 완전한 것만이 의롭다 할 수 있습니다. 그것은 반드시 '흠 없고 점 없는 어린양'(벧전 1:19)과 같아야 합니다. 불완전한 믿음은 우리를 다른 이의 완전함과 연결해 줄 뿐, 우리를 진노로부터 보호하거나 하나님의 죄 사함을 보장해 주는 데는 우리를 위해 아무것도 할 수 없습니다. 이런 의미에서 모든 믿음은 불완전합니다. 그러나 우리가 의지하는 우리의 믿음이 얼마나 빈약하고 연약한가 하는 것은 전혀 중요하지 않습니다. 그 믿음이 완전한 분과 닿아 있다면 어떤 상태의 믿음이든 모두 안전합니다. 우리가 그분께 닿으면 그분 안에 있는 능력이 흘러나와 구원을 얻게 됩니다(막 5:30; 눅 6:19, 8:46 참고).

만일 믿음이 우리의 의가 되는 것이라면, 우리의 믿음에 있는 지극히 작은 불완전함도 우리의 모든 소망에 치명적인 영향을 미칠 것입니다. 반면 믿음이 단지 충만하신 대속자와 우리를 가깝게 해 주거나 이어 주는 것에 불과하다면, 우리의 믿음이 아무리 불완전하다 할지라도 우리가 그분의 의에 동참하는 것을 결코 방해할 수 없습니다. 하나님께서는 완전한 의를 요구하셨고, 또 완전한 의를 제공하셨습니다. 하나님은 어디에서도 완전한 믿음을 요구하거나 기대하시지 않았습니다.

금으로 된 그릇뿐만 아니라 질그릇으로도 여행자의 목마른 입술에 물을 흘려 넣을 수 있습니다. 아니, 깨진 그릇도 물웅덩이에서 물을 뜨기에 충분합니다(사 30:14 참고). 연약한, 너무나 연약한 믿음이라 할지라도, 그것은 우리를 하나님의 아들의 의와 연결시켜 줄 것입니다. 믿음은 오직 다음과 같이 외칠 뿐입니다.

"내가 믿나이다. 나의 믿음 없는 것을 도와주소서!"(막 9:24)

믿음으로는 하나님을 만족시킬 수 없습니다. 어떠한 의미에서도, 어떠한 관점에서도 믿음이 하나님을 만족시켰다거나 율법을 만족시켰다고 말할 수 없습니다. 믿음이 우리의 의가 되려면 반드시 하나님을 만족시켜야 합니다. 그러나 믿음은 불완전하기 때문에 결코 하나님을 만족시킬 수 없습니다. 그리고 믿음이 설사 온전하다고 할지라도 우리가 인간이기 때문에 하나님을 만족시킬 수는 없습니다.

하나님을 만족시키기 위해서는 반드시 우리의 죄를 담당할 수 있어야 합니다. 그리고 우리의 죄를 담당하기 위해서는 반드시 완전하고 거룩해야 합니다. 우리에게는 죄를 담당하는 자가 필요합니다. 그러나 우리의 믿음은 죄를 담당할 수 없습니다. 믿음은 그 어떤 죄도 속할 수 없습니다. 믿음은 그 어떤 대속도 이룰 수 없습니다. 믿음은 어떤 형벌도 받을 수 없습니다. 믿음은 어떤 죄의 흔적도 씻어 낼 수 없으며, 어떤 의도 제공할 수 없습니다. 믿음은 그저 우리를 속죄와 대속과 형벌 받음과 죄 씻음과 의가 있는 십자가로 데리고 갈 뿐입니다. 믿음 자체로는 그 어떤 공로나 가치도 없습니다.

믿음은 그리스도가 아닙니다. 그리스도의 십자가도 아닙니다. 믿음은 그리스도의 피도 아니며, 희생도 아닙니다. 믿음은 제단도 아니고 놋대야도 아니며, 속죄소도 아니고 향도 아닙니다. 믿음은 어떤 일을 행하는 것이 아니라 이미 오래전에 이루어진 일을 그저 받아들이는 것입니다. 믿음은 씻어 내는 것이 아니라 죄와 정결하지 못한 것에 열려 있는 샘으로 인도하는 것일 뿐입니다. 믿음은 창조하지 않습니다. 믿음은 그저 '영원한 의'(단 9:24)가 드러났을 때 창조된 새로운 것과 우리를 이어 줄 뿐입니다.

믿음은 부자의 금이 아니라 거지가 내민 손입니다. 믿음은 닻이 아니라 닻줄과 같고, 편액(扁額)이나 문이 아니라 두드리는 쇠고리와 같으며, 태양이 아니라 빛이 들어오는 격자창과 같습니다.

믿음은 그 자체로는 아무런 가치가 없으며, 그저 하나님 아버지께서 기뻐하시는 이의 무한한 가치와 우리를 이어 주는 역할을 합니다. 그리고 그 연결을 통해 다른 이의 온전함 가운데 우리를 온전한 자로 제시합니다. 비록 믿음은 시온에 놓여 있는 기초는 아닐지라도 우리를 그 기초로 데리고 오며, 그곳에서 우리가 '믿음에 거하고 터 위에 굳게 서'(골 1:23) 있는 자로서 '복음의 소망에서 흔들리지 않도록' 우리를 지켜 줍니다. 비록 믿음 그 자체가 '복음'이나 '기쁜 소식'은 아닐지라도, 그것은 이러한 복된 소식들을 하나님의 영원한 진리로 받아들이게 하며, 영혼을 즐겁게 합니다. 비록 믿음 자체는 번제물이 아닐지라도, 그것은 우리로 하여금 잠잠히 서서 죄인을 소멸시킨 진노가 대속자 위에 임했음을 확증하고 타오르는 불길을 응시하게 합니다.

믿음은 비록 '의'는 아니지만 우리와 의를 묶어 주는 역할을 합니다. 믿음은 우리가 그분의 아들의 탁월함 안에서 하나님 앞에 서 있음을 깨닫게 해 줍니다. 또한 우리가 다가올 세상에서도 여전히 동일한 탁월함 안에 있을 것이며, 그 영원한 신분이 결코 변할 수 없는 영원한 의에 의지하고 있음을 말해 줍니다. 왜냐하면 우리가 믿을 때 입은 그리스도를 결코 벗어 버리지 않을 것이기 때문입니다(롬 13:14; 갈 3:27 참고). 이 거룩한 옷은 영원히 지속됩니다. 그것은 낡지도 않고 빌릴 수도 없으며, 그 아름다움이 결코 사라지지도 않습니다.

또한 믿음은 우리를 맨 처음 인도해 간 십자가로부터 결코 멀어지게 하지 않습니다. 오늘날 어떤 사람들은, 마치 우리가 금세 십자가를 뒤에 버려두고 십자가 너머에 있는 어딘가로 떠나 버릴 것처럼 말합니다. 그들은 우리가 맨 처음 십자가의 그림자 아래 들어갔을 때 그것이 우리를 위해 할 수 있는 모든 것을 다 했기 때문에 이제 그만 십자가를 떠나 앞으로 나아가야 한다고 말합니다. 그리고 항상 십자가 아래에 머물러 있는 것은 어른이 되지 못하고 아이 상태에 머물러 있는 것과 같다고 말합니다.

그러나 십자가가 무엇입니까? 그것은 단순히 나무로 만든 장대나 로마 교황주의자들이 사용하는 것같은 장식품이 아닙니다. 이런 것들에는 우리가 전혀 관심을 기울이지 않아도 아무런 문제가 되지 않습니다. 우리의 장막을 실제로 골고다 언덕이나 요셉의 동산에 세울 필요는 없습니다. 그러나 우리가 영원한 생명과 분리될 수 없듯이, 우리는 십자가가 구현하는 위대한 진리로부터 결코 분리될 수 없습니다. 이런 의미에서 볼 때, 십자가에서 등을 돌리는 것은 곧 십자가에 못 박히신 그리스도에게서 등을 돌리는 것입니다. 죽임 당하신 어린양과의 연결을 포기하는 것입니다.

진리는 그리스도께서 구유에서 무덤까지 행하고 고난받은 모든 것들이 하나의 영광스러운 전체를 이룬다고 말합니다. 그 전체 중 어떤 부분도 필요 없거나 생략할 수 없습니다.

  나는 항상 구유에 있습니다. 그러나 나는 단순히 성육신만으로는 구원받을 수 없다는 것을 알고 있습니다. 그러하기에 나는 항상 겟세마네 언덕 위에 있습니다. 그러나 나는 그곳에서의 고뇌가 완성된 사역이 아니라는 것을 알고 있습니다. 그러하기에 나는 항상 나의 얼굴을 십자가로, 나의 눈을 십자가에 달리신 분께로 향하게 하고서 십자가 앞에 서 있습니다. 나는 그곳에서 희생 제물이 단번에 완성되었다고 확신합니다. 그러하기에 나는 항상 무덤 안을 들여다보면서 무덤이 비어 있는 것을 보고 즐거워하며 주님께서 '여기 계시지 않고 살아나셨다'(눅 24:6 참고)고 말합니다. 나는 항상 천사들과 함께 굴려 옮겨진 돌 위에 앉아 세마포를 손에 쥔 채 부활하신 그리스도를 만납니다. 아니, 승천하여 중보하고 계시는 주님을 만납니다. 우리 주님의 삶이나 죽음을 묵상하지 않고 관심을 기울이지 않는 것에 대해서 어떠한 핑계도 댈 수 없습니다. 나는 이 세상에 태어나 이 땅에서 사셨으며, 죽으시고 무덤에 묻히셨다가 다시 살아나신 그분과 연결되기를 끊임없이 노력합니다. 그리고 매일, 매시간 새로운 복을 찾습니다.

  인간은 본성상 자기 의라는 율법주의 속에서 끊임없이 그리스도의 십자가와 그 온전함으로부터 벗어나려고 애쓰거나 다른 십자가를 세우려고 합니다. 또는 자신과 십자가 사이에 어떤 장식으로 막을 치려고 합니다. 또는 십자가의 진정한 의미를 왜곡하여 자신의 취향에 더 잘 맞도록 바꾸려고 합니다. 또는 십자가의 미덕을 자신의 행위나 업적,

느낌으로 대체하려고 합니다. 결국 십자가의 단순함이 소멸되고, 구원의 능력이 부인됩니다. 왜냐하면 십자가는 오직 구원을 '온전히' 이룰 뿐, 그렇지 않으면 전혀 구원을 이루지 않기 때문입니다.

    우리의 믿음은 구원 사역을 믿음과 십자가로 나누지 않습니다. 믿음은 오직 십자가만이 구원할 수 있음을 인정하는 것이기 때문입니다. 믿음은 십자가나 그 미덕에 아무것도 더하지 못합니다. 십자가는 충만하고 충분하며, 그곳에서 행해진 일은 합당합니다. 십자가는 수고하고 땀 흘리는 영혼에게 그의 일을 멈추고 안식으로 들어가라고 명령합니다. 믿음은 무엇인가를 하기 위해 갈보리로 오는 것이 아닙니다. 이미 이루어진 모든 일의 영광스러운 광경을 보기 위해, 그리고 온전히 성취된 일의 효력을 조금도 의심하지 않고 그 일을 받아들이기 위해 올 뿐입니다. 믿음은 죄를 담당한 자가 "다 이루었다"(요 19:30)라고 외치는 소리를 듣습니다. 그리고 "아멘"이라고 대답합니다.

    믿음이 시작되는 곳에서 우리의 수고는 끝이 납니다. 삶과 죄 용서를 위한 우리의 수고가 끝이 납니다. 믿음은 안식이지 땀 흘리는 수고가 아닙니다. 그것은 하나님에게서 사랑과 죄 사함을 받고자 스스로 무엇인가 선한 것을 행하려 했던 이전의 모든 곤고한 노력들을 포기하는 것입니다. 그러고는 그토록 오랫동안 거부해 왔던 진리를 잠잠히 받아들이는 것입니다.

    하나님은 사람의 노력을 기다리시지 않습니다. 하나님은 단지 자신의 선하신 뜻에 따라 사랑하고 죄를 용서하십니다. 그리고 사람의 보잘것

없는 행위나 선함을 버리고 '세상을 이처럼 사랑하사 독생자를'(요 3:16) 주신 하나님의 값없는 사랑을 절대적으로 의지하며 오직 그것을 기초로 하여 그분께 나아오는 모든 죄인에게 선하신 뜻을 보여 주십니다.

믿음은 우리 안에 선함이 전혀 없음을 인정하는 것이며, 우리의 모든 결핍에 대한 대속물로서 십자가를 인정하는 것입니다. 다른 이가 온전히 성취한 구원을 영혼이 소유하고 있기 때문에 구원받는 것이지, 믿음이 구원에 무언가를 기여하는 것이 결코 아닙니다. 우리의 믿음은 우리가 믿는 그분의 사역을 함께 나누거나 공유할 수 없습니다. 모든 사역은 처음부터 끝까지 온전히 그분의 것이지 우리의 것이 아닙니다. 믿음은 믿음 자체를 믿는 것이 아니라 하나님의 아들을 믿는 것입니다. 믿음은 구걸하는 자처럼 모든 것을 받기만 할 뿐 아무것도 주지 않습니다. 믿음은 하나님께서 값없이 주신 사랑에 영원히 빚진 자가 되기로 동의합니다. 믿음의 안식처는 시온에 둔 기초입니다(사 28:16 참고). 믿음은 그 자체가 아니라 다른 것을 누리는 것입니다. 믿음은 이렇게 노래합니다.

"우리를 구원하시되 우리가 행한 바 의로운 행위로 말미암지 아니하고 오직 그의 긍휼하심을 따라……하셨나니!"(딛 3:5)

십자가에 못 박히신 그리스도만이 처음부터 끝까지 우리 설교의 중심이 되어야 하며, 우리 믿음의 본질이 되어야 합니다. 성도의 삶에서 십자가가 필요 없어지는 때는 단 한 순간도 있어서는 안 되며, 있을 수도 없습니다. 영적인 혼란에 빠지거나 악한 영과 긴박한 투쟁을 벌일 때도, 성육신이나 겟세마네 언덕에서의 고뇌나 부활, 성도들에게서 영광을 받고 모든 믿는 자들에게서 높임을 받기 위해 다시 오겠다고 약속하신 재림의 소망에 대하여 특별한 필요를 느끼는 때도 말입니다.

여기서 우리는 "우리가 어떤 진리를 믿어야 합니까?"가 아니라 "의롭다하심을 얻기 위하여 우리가 어떤 진리를 믿어야 합니까?"라고 질문해야 합니다.

그리스도께서 재판장이자 왕으로서 영광과 위엄 가운데 다시 오시리라는 것은 성도가 소유한 믿음의 한 조목(條目)입니다. 그리고 우리는 대체로 그것을 믿지 못하는 사람에 대해 그가 진정한 기독교인인지를 의심하게 됩니다. 그러나 어떤 의미에서든, 우리 주님의 재림으로는 의롭다하심을 받을 수 없습니다. 우리는 오직 그분의 첫 번째 오심으로만 의롭다하심을 받습니다.

우리는 그리스도의 승천을 믿습니다. 그러나 칭의는 그것과는 아무런 관계가 없습니다. 또한 우리는 그분의 부활을 믿습니다. 그러나 부활에 대한 믿음으로는 의롭다하심을 받을 수 없습니다. 오직 그분으로 하여금 단번에 우리의 속죄와 의가 되게 하는, 그분의 죽음에 대한 믿음으로써만 의롭다하심을 받을 수 있습니다.

"예수는 우리가 범죄한 것 때문에 내줌이 되고, 또한 우리를 의롭다 하시기 위하여 살아나셨느니라"(롬 4:25).

부활은 이미 성취된 의에 대한 가시적인 보증입니다. '그리스도와 그 부활의 권능'(빌 3:10)은 대속이나 죄 사함이나 화목에 대하여 말하지 않습니다. 그것은 우리의 심령으로 우리가 새롭게 된 것에 대하여 말하며, '예수 그리스도를 죽은 자 가운데서 부활하게 하심으로 말미암아 우리를 거듭나게 하사 산 소망이 있게 하신'(벧전 1:3 참고) 것에 대하여 말합니다. 우리가 소생하고 강건해지며 새로워지는 것과 같은 우리의 내적인 영역이 부활 및 그 권능과 관련됩니다. 그러나 하나님께서 죄를 사하고 의롭다 하며 우리를 받아들이시는 것과 같은 외적인 영역은 오직 십자가와만 관련됩니다.

우리가 '부활을 통해 부어진 의'로 의롭다하심을 받는다는 교리, 즉 소위 부활하신 그리스도로 인한 칭의에 대한 교리[1]는 우리의 보증자의 사역을 완전히 파괴합니다. 즉, '성경대로 그리스도께서 우리 죄를 위하여 죽으셨을 때'(고전 15:3 참고), '그의 피로 우리 죄에서 우리를 해방하셨을 때'(계 1:5 참고), 그분께서 우리에게 옷을 주시고 '어린양의 피에 그 옷을 씻어 희게 하셨을 때'(계 7:14 참고) 담당하신 사역을 부인합니다.

우리로 의롭다하심을 받게 하는 것은 죽임 당하신 어린양의 피입니다(롬 5:9 참고). 우리 양심을 죽은 행실에서 깨끗하게 하고 살아 계신 하나님을 섬기게 하는 것은 바로 그리스도의 피입니다(히 9:14 참고). 휘장을

---

[1] 어빙(Edward Irving)과 뉴먼(John Henry Newman), 그리고 다비(John Nelson Darby)의 추종자들은 오래된 이단을 새로운 형태로 변형하여 주장하는 이론가들입니다. 이전에는 그것이 단순히 '주입된 의로 말미암은 칭의'였으나 지금은 '그리스도의 부활로 인해 주입된 의로 말미암은 칭의'가 되었습니다. '칭의의 원천인 그리스도의 부활'(Christ's Resurrection the Source of Justification)이라는 제목의 뉴먼의 설교를 참고하십시오.

지나 성소로 들어가고 피 뿌려진 속죄소로 올라갈 담력을 주는 것도 그분의 피입니다(히 10:19 참고). 우리의 목마름을 채워 주는 참된 음료도 그분의 피입니다(요 6:55 참고). 하나님과 화평을 이루게 하는 것도 그분의 피입니다(골 1:20 참고). 우리가 죄 사함을 받은 것도 바로 그분의 피로 말미암으며, 전에 멀리 있던 우리를 그리스도 예수 안에서 가까워지게 한 것도 바로 그리스도의 피입니다(엡 1:7, 2:13 참고). 우리를 거룩하게 한 것도 바로 그리스도의 피이며, 바로 이 피가 영원한 언약이 됩니다(히 13:12, 20 참고). 이 피가 우리를 모든 죄에서 깨끗하게 합니다(요일 1:7 참고). 이 피가 우리로 하나님 앞에서 밤낮 우리 형제들을 참소하던 자를 이기게 합니다(계 12:10,11 참고). 우리가 축복하는 바 축복의 잔은 바로 이 피에 참여하는 것입니다(고전 10:16 참고). 하나님께서는 이 피로써 교회를 사셨습니다(행 20:28 참고).

피와 부활은 별개의 것입니다. 피는 사망이지만, 부활은 생명입니다. 레위기에서 희생 제물에 관해 말하면서 부활에 대해 단 한 차례도 언급하지 않는다는 것은 놀라운 일입니다. 레위기는 처음부터 끝까지 철저하게 죽음에 관해서만 말합니다. 죄인의 죄 사함과 칭의, 깨끗하게 함, 화목을 위해 필요한 모든 것이 제단 위의 죽음이라는 상징 가운데 온전히 드러나 있습니다. 주입되거나 타고난 의에 의한 칭의, 또는 부활을 통해 주입된 의에 의한 칭의는 성막의 제사와는 전적으로 모순됩니다.

희생제사는 죄인이 하나님 앞에 나아가고 받아들여지는 방법을 상징적으로 설명합니다. 그런데 그 어디에도 부활의 자리가 없습니다. 만일 의롭다하심이 다시 사신 그리스도 안에 있다면, 그것은 분명히 이스라엘에게 계시되어 드러난 방법이 아닙니다. 그리고 그토록 상세히 설명된 수많은 희생제사들도 결코 "인간이 어떻게 하나님께 대하여 의로워질 수 있는가?"라는 질문에 대한 답이 될 수 없습니다. 또한 그렇다면, 하나님께서 옛 시대의 예배자들에게 경건하지 않은 자들을 의롭게 하기 위하여 택하신 방법에 관해 조금도 암시하시지 않은 것입니다.

"너희 안에 계신 그리스도시니, 곧 영광의 소망이니라"(골 1:27)라는 말씀은 매우 잘 알려진 말씀이며, 너무나 복된 진리입니다. 그러나 '너희 안에 계신 그리스도, 곧 우리를 의롭게 하는 자'라고 말하는 것은 십자가에 못 박히신 그리스도, 곧 우리를 위해 십자가에 달리신 그리스도로부터 인간을 멀어지게 만드는 파괴적인 오류입니다. '우리를 위한 그리스도'는 진리입니다. 그러나 '우리 안에 계신 그리스도'는 그것과는 전혀 다른 진리입니다. 이 두 가지를 함께 섞어 놓거나 위치를 바꾸는 것은 대속자께서 이미 완성하신 사역을 무효로 만드는 것입니다.

우리 안에 계신 그리스도께서 거룩함과 열매 맺음의 근원이신 것은 진리입니다(요 15:4 참고). 그러나 그리스도께서 우리를 위하시되, 무엇보다도 먼저 우리의 대속자요 우리를 의롭다 하시는 이요 우리의 의로서 계셔야 한다는 사실을 결코 간과하지 마십시오. 우리 안에 계신 부활하신 그리스도께서 우리의 칭의의 근거가 되신다는 것은 십자가를 거역하는 이론입니다. 깨끗하게 함, 죄 사함, 화목하게 함, 의롭다함은 모두 십자가라는 한 사역에서 나오는 것이지 부활로부터 나오는 것이 결코 아닙니다. 죽어 가는 그리스도께서 우리를 위해 성취하신 사역에서 그 모든 복들이 흘러나옵니다. 그리스도의 부활은 다만 그분께서 사흘 전에 단번에 이루신 일을 인 치는 것일 뿐입니다.

유월절과 마찬가지로 주님의 만찬에서도 부활에 대해 전혀 언급하지 않는다는 것은 매우 주목할 만한 일입니다(막 14:22-25; 눅 22:14-20 참고). 주님의 찢긴 몸과 흘린 피가 그 의식의 처음과 끝입니다. 그 안에서 우리는 부활하고 영광 받으신 그리스도가 아니라, 그리스도의 몸과 피, 즉 십자가 위에 계신 그리스도와 연합하게 됩니다(고전 10:16 참고).

"너희가 이를 행하여 나를 기념하라"(눅 22:19).

"너희가 이 떡을 먹으며 이 잔을 마실 때마다 주의 죽으심을 그가 오실 때까지 전하는 것이니라"(고전 11:26).

가령 어떤 사람들이, 십자가 앞에 나아온 후에는 더 이상 십자가가 필요 없으며 따라서 십자가를 지나쳐 우리 안에 계신 부활하신 주님으로 말미암아 의롭다하심을 받는다고 주장한다고 합시다. 그들은 치명적으로 잘못된 주장을 펼치고 있습니다. 그들에게 위대한 만찬에는 왜 부활에 관한 표현들이 전혀 없는지 물어보십시오. 그리고 왜 성찬식에서는 오직 주님의 죽음만이 우리에게 제시되는지를 물어보십시오.

'부활하신 주님 안에 있는 생명'이라는 표현은 동일한 오류를 다른 식으로 표현한 것입니다. 이것이 의미하는 바가, 사도가 "예수 그리스도를 죽은 자 가운데서 부활하게 하심으로 말미암아 우리를 거듭나게 하사 산 소망이 있게 하시며"(벧전 1:3)라고 말했을 때나 우리가 '그리스도와 함께 다시 살리심을'(골 3:1) 받았다고 할 때와 같이, 부활이 단지 십자가 위에서, 그리고 십자가에 의해서 우리에게 보증된 의와 칭의가 흘러오는 통로와 수단이라는 뜻이라면, 아마도 그런 표현에 거부감을 갖지 않을 것입니다. 그러나 실상 그것이 이러한 은혜들을 십자가로부터 분리시키고 그것이 오로지 부활로부터 비롯되었다는 표현으로 사용된다는 것을 알게 될 때, 우리는 그것이 진리가 아니며 성경에 위배되는 것이라고 여길 수밖에 없습니다. 이 '생명'에 대하여 주님께서 뭐라고 말씀하시는지 들어 보십시오.

"내가 줄 떡은 곧 세상의 생명을 위한 내 살이니라"(요 6:51).

"내가 진실로 진실로 너희에게 이르노니 인자의 살을 먹지 아니하고 인자의 피를 마시지 아니하면 너희 속에 생명이 없느니라. 내 살을 먹고 내 피를 마시는 자는 영생을 가졌고, 마지막 날에 내가 그를 다시 살리리니, 내 살은 참된 양식이요 내 피는 참된 음료로다. 내 살을 먹고 내 피를 마시는 자는 내 안에 거하고 나도 그의 안에 거하나니"(요 6:53-56).

이 말씀들은 '부활하신 그리스도 안에 있는 생명'이나 '우리의 칭의와 생명이 되시는, 우리 안에 거하시는 부활하신 그리스도'에 관한 교리를 설명하는 것이 결코 아닙니다. 나는 이 말씀들에 관해 깊이 설명하지는 않을 것입니다. 다만 이 말씀들을 인용할 뿐입니다. 이 말씀들은 십자가에 대하여 증언하고 있습니다. 이 말씀들은 주님의 찢긴 몸과 흘린 피를 날마다 시간마다 우리의 양식으로, 그리고 평생 동안의 만찬으로 제시합니다. 그 양식으로 말미암아 인자께서 죽으심으로 우리를 위해 얻으신 생명이 우리에게 적용됩니다.

그 몸이 생명을 나누어 줍니다. 그 피도 생명을 나누어 줍니다. 이것은 한 번으로 끝나지 않고 영원토록 지속됩니다. 우리가 이렇게 양식으로 먹어야 하는 것과 이 생명은 한편으로는 성육신에서, 다른 한편으로는 부활에서 비롯되는 것이 아닙니다. 그것은 이 두 가지 사이에 있는 죽음, 곧 하나님의 아들의 희생적인 죽음에서 비롯됩니다. 영혼을 일깨우고 양식이 되는 것은 하나님이신 그리스도의 인격도, 그분의 삶도 아닙니다. 그것은 바로 그분의 피 흘리심입니다. 전자와 후자를 분리하려는 것이 아니라 우리가 양식으로 먹어야 하는 것이 후자임을 말하려고 합니다. 우리가 그분의 피 흘리심으로부터 얻는 양식은 우리의 평생 동안 지속될 것입니다.

"우리의 유월절 양, 곧 그리스도께서 희생되셨느니라"(고전 5:7).

그러므로 우리는 날마다 유월절 피로 보호받고, 불에 구운 어린양의 고기와 무교병과 쓴 나물을 함께 먹으며 안식합니다(출 12:1-13 참고).

"우리가 명절을 지키되"(고전 5:8).

우리가 어디에 있든지 이것을 지켜야 합니다. 우리는 항상 준비하고, 항상 생생한 우리의 유월절을 지킬 수 있습니다. 우리는 나그네로서 허리에 띠를 띠고 손에 지팡이를 잡고 약속의 땅을 바라보면서, 때로는 거칠고 때로는 평탄한 광야 길을 통과해 앞으로 나아갑니다.

유월절 어린양은 십자가에 못 박히신 그리스도입니다. 그리스도께서는 우리의 보호자요 우리의 죄를 사하시는 분이며, 우리의 의와 양식이며, 우리의 힘과 평화가 되십니다. 십자가 위에서 그분과 나누는 교제가 복 받는 거룩한 삶의 비결입니다.

우리는 불길을 통과하여 나온 것, 곧 제단으로부터 나온 것을 양식으로 삼습니다. 다른 어떤 양식도 믿는 자의 영적인 삶을 소생시키고 유지시킬 수 없습니다. 찢기지 않은 몸은 충분하지 않습니다. 부활하거나 영광 받은 몸도 그것을 만족시킬 수 없습니다. 오직 하나님의 아들의 찢긴 몸과 흘린 피만이 우리가 마음껏 먹을 수 있는 양식이 됩니다. 그리고 바로 십자가의 그늘 아래서만 우리는 그런 것들을 먹고 마시기 위해 앉으며, 매일의 삶의 여정과 영적 전쟁을 위한 새로운 힘을 발견할 수 있습니다.

"내 살은 참된 양식이요 내 피는 참된 음료로다"(요 6:55).

8장
그리스도의 부활

죽음은 부활이 아닙니다. 그리고 보증자의 죽음이 주는 유익은 그분의 부활이 주는 유익과 동일하지 않습니다. 그러나 부활이 주는 유익에 관하여 언급한 '영광스러운 일'(눅 13:17)을 결코 간과하지 마십시오.

의롭다하심을 받은 우리의 삶, 또는 의롭다하심을 받는 자로서의 우리의 삶은 분명히 어떤 의미에서 부활의 능력에서 비롯되고 유지되는 부활의 삶입니다. 그러나 의롭다하심을 받은 삶은 잠시라도 십자가로부터 분리되어서는 안 되며, 의롭다하심을 받은 자는 칭의를 위해 자신이 십자가에 빚을 졌다는 사실을 단 한 순간도 잊어서는 안 됩니다.

우리가 그리스도와 함께 다시 산 것은 하나님의 진리입니다. 다시 사신 그분과 하나가 된 것은 우리의 특권이자 우리가 서 있는 자리입니다. 그러나 부활하신 그리스도와 하나가 되는 것은 대속이 아닙니다.

그리고 우리가 의롭다하심을 받는 것은 부활에 의한 것이 아니라 대속에 의한 것입니다. 부활은 우리에게 이미 완성된 대속을 바라보게 하며, 대속으로 인한 복을 우리에게 인 쳐 줍니다.

'영으로 의롭다하심을 받으시고'(딤전 3:16)라는 말씀은 사도가 그리스도의 부활에 관해 언급한 것 중 하나입니다. 주님이 '영원한 언약의 피로 죽은 자 가운데서 이끌어'(히 13:20) 내셨듯이, 주님은 또한 자신을 죽은 자 가운데서 다시 살리신 성령 안에서, 또는 성령에 의해서 의롭게 되셨습니다. 주님은 범죄자로 죽으셨고, 범죄자로 무덤에까지 내려가셨습니다. 그러나 성령께서는 주님을 다시 일으키시고, 이로써 주님을 무덤까지 내려가게 한 전가된 죄로부터 주님이 자유롭고 의롭게 되었다고 선포하십니다.

그러나 우리가 부활을 과소평가하는 잘못을 범하지 않도록 그리스도의 부활을 좀 더 자세히 살펴봅시다. 부활이 결코 십자가를 가려서는 안 되며, 또한 십자가가 부활을 가려서도 안 됩니다.

천사가 여자들에게 한 말은 우리를 위한 것이기도 합니다.

"그가 여기 계시지 않고 그가 말씀하시던 대로 살아나셨느니라"(마 28:6).

사람들은 하나님의 아들의 부활을 막기 위해 할 수 있는 모든 일을 다 했습니다. 그들은 생명의 주를 죽이는 일에 성공했습니다. 그리고 죽은 자가 다시 살아나지 않을 것이라고, 아니 살아나지 못할 것이라고 확신했습니다. 삼손은 옥에 갇힌 뒤 계속 그곳에 갇혀 있어야만 했습니다(삿 16:21 참고). 무덤 입구를 막은 큰 돌과 무덤을 지키는 자들과 로마의 인봉, 이 모든 것들이 죽은 자가 다시 살아나지 못하리라고 확신한 증거입니다.

그러나 사람들은 감옥에 갇혀 있는 분이 누구인지를 알지 못했습니다. 차라리 비단 끈으로 회오리바람을 묶어 놓거나 번개를 방에 가두어 두고서 그것들이 풀려나지 못하리라고 말하는 편이 더 나을 것입니다. 인간보다 더욱 강한 죽음마저도 그 먹잇감을 붙잡아 둘 수 없었습니다. 그리스도께서 죽으신 지 사흘 째 되는 날 새벽에 큰 지진이 나며 무덤이 흔들리고, 주의 천사가 하늘로부터 내려와 돌을 굴려 냈으며, 인봉이 떼어졌고, 죽은 자가 다시 살아났습니다(마 28:1,2,6 참고).

제자들조차도 주님이 다시 살아나신 것을 믿지 못했습니다. 그들이 주님이 부활하신 것을 숨기려고 한 것은 아니지만, 그것을 도저히 믿을 수 없는 일로 여기고는, 모든 것이 끝났고 십자가가 자신들의 모든 소망을 완전히 산산조각 내 버렸다고 믿는 사람들처럼 행동했습니다. 그들은 무덤 입구를 막거나 봉하려고 하지 않았습니다. 오히려 돌을 굴려 내고 인봉을 떼내려고 했을 것입니다. 그저 주님의 장례식을 위해 마지막으로 몸에 향품을 발라 드리려고 말입니다(막 16:1-3 참고). 그것은 소망의 표현이 아니라 절망의 표현이었습니다.

그러나 하나님의 아들의 무덤은 어둠의 공간이 아니라 빛의 공간이었습니다. 절망의 공간이 아니라 소망의 공간이었으며, 죽음의 공간이 아니라 생명의 공간이었습니다. 십자가에 못 박힌 예수님을 찾아온 사람들은 그곳에서 살아 계신 하나님의 아들을 발견했습니다. 무덤 안에는 오직 죽음의 옷만 남아 있었습니다. 여전히 피가 묻은 세마포와 머리를 쌌던 수건은 주님이 아니면 천사들이 잘 접어 놓은 듯 놓여 있었습니다(요 20:6,7 참고). 사람들은 예수님의 시신이 부패하는 것을 막기 위해 몰약과 침향 섞은 것을 가지고 왔습니다(요 19:39 참고). 그들은, 주님의 몸은 썩지 않기 때문에 그들이 그토록 정성껏 그분의 몸에 향품을 바르는 모든 것들이 다 필요 없는 일이라는 사실을 잊고 있었습니다. 그들은 "주의 거룩한 자로 썩음을 당하지 않게 하실 것임이로다"(시 16:10; 행 2:27, 13:35 참고)라는 오래된 약속의 의미를 전혀 알지 못했습니다.

예수님의 친구와 원수가 모두 오류를 범했습니다. 친구들의 불신과 원수들의 거부는 놀랍도록 교묘하게 일치합니다. 그러나 하나님의 생각은 우리의 생각과 다르며, 그분의 길은 우리의 길과 다릅니다(사 55:8 참고). 주의 천사가 하늘에서 내려와 돌을 굴려 내고 그 위에 앉았습니다. 천사는 번개 같은 형상과 눈같이 흰옷을 입은 모습으로 찬란한 빛을 발하면서 무덤을 지키던 자들에게 나타났습니다(마 28:2-4 참고). 천사는 거룩하신 분께서 나오실 수 있도록 무덤의 돌을 굴려 냈습니다. 천사가 하나님의 아들을 다시 일으키거나 그분이 일어나시는 것을 도운 것이 아닙니다. 그것은 천사의 능력 밖의 일입니다. 다만 천사는 그 장면에서 그 영광스러운 성지의 짐꾼과 문지기로서 한 역할을 담당하는 영광을 얻었습니다.

천사가 하늘로부터 내려오면서 큰 지진이 일어났습니다(마 28:2 참고). 삼 일 만에 두 번째로 일어난 지진이었습니다. 첫 번째 지진은 생명의 주께서 사망의 방으로 들어가시고 전에 죽은 수많은 성도들이 열린 문 앞으로 나올 때 일어났습니다(마 27:50-53 참고). 두 번째 지진은 이 동일한 생명의 주께서 그 사망의 방을 떠나 승리의 나팔 속에서 행진하면서 주님이 내딛는 발소리로 모든 피조물들을 흔들며 죽음의 결박을 깨뜨리실 때 일어났습니다.

지진과 광채는 인간이 감당하기에는 너무나 두려웠습니다.

"지키던 자들이 그를 무서워하여 떨며 죽은 사람과 같이 되었더라"(마 28:4).

천사는 두려워하는 사람들을 진정시키려고 하지 않았으며, 오히려 그들을 계속 두려움에 떨게 했습니다. 그러나 십자가에 못 박히신 분을 찾는 자들에게는 사랑과 평화의 말을 전했습니다. 무덤을 지키던 자들에게 천사는 벼락과도 같았습니다. 그러나 무덤을 찾아온 여자들에게 천사는 높은 곳으로부터 비치는 새벽빛과 같았습니다.

"너희는 무서워하지 말라. 십자가에 못 박히신 예수를 너희가 찾는 줄을 내가 아노라"(마 28:5).

천사는 이 여자들을 향해 메시지를 전했습니다. 그것은 이 마지막 시대를 살아가는 우리에게도 동일하게 주어진 메시지입니다. 천사의 말은 그들에게 격려와 위로가 되었습니다. 천사가 그들에게 준 것은 복된 잔에 담긴 천국의 포도주였습니다. 바로 "예수님께서 살아 계신다"라는 말씀이었습니다.

가버나움에서 주님은 슬픔에 빠져 있는 한 아버지를 위로하면서 "이 소녀가 죽은 것이 아니라 잔다"(마 9:24)라고 말씀하셨습니다. 천사가 전한 위로의 말도 다만 그 정도가 더 뛰어날 뿐 그와 같은 것이었습니다. "그분께서 죽으신 것이 아니라 주무시는 것이다. 이제 그분은 깨어나셨고, 다시 살아나셨다." "안심하라. 내니 두려워하지 말라"(막 6:50)라는 말씀으로 제자들의 두려움을 잠잠하게 하신 주님처럼, 천사 또한 여기에서 그렇게 말합니다. 또는 밧모 섬에서 주님이 두려움으로 놀란 사랑하는 제자를 안심시키시면서 "두려워하지 말라. 나는 처음이요 마지막이니, 곧 살아 있는 자라. 내가 전에 죽었었노라. 볼지어다, 이제 세세토록 살아 있어"(계 1:17,18)라고 말씀하셨듯이, 천사 또한 "너희는 무서워하지 말라. 십자가에 못 박히신 예수를 너희가 찾는 줄을 내가 아노라"(마 28:5)라는 말로 두려움에 떨고 있는 여인들을 위로합니다.

그렇다면 이제 죽으시고 무덤에 묻히셨던 주님에 대해 천사가 전해 준 기쁜 소식에 주목해 봅시다.

"그가 여기 계시지 않고"(마 28:6).

'여기'는 그리스도께서 계시지 않는 것이 복된 소식이 될 수 있는 유일한 곳입니다. 베다니와 여리고와 나인과 가버나움, 그리고 갈릴리 바닷가에서는 '그리스도께서 여기 계신다'라는 것이 복되고도 복된 소식이었습니다. 그러나 아리마대 요셉의 무덤으로부터 들려온 복된 소식은 '그리스도께서 여기 계시지 않는다'는 말이었습니다. 다른 장소에서는 그리스도가 계시다는 것이 거기에 있는 모든 사람들에게 기쁨과 보증이 될 것입니다. 그러나 '여기'에서는 여기 계시지 않은 그리스도가 복으로, 위로로 선포되고 있습니다. "그가 여기 계시지 않고"라는 소식은 인간의 귀에 들린 소식 중 가장 기쁜 소식이었습니다. 그분께서 여전히 여기 계신다면 우리는 지금 어디에 어떤 모습으로 있을까요?

여러분이 '여기'서 찾고 있는 분은 대체 누구입니까? 죽은 자입니까, 아니면 영원히 살아 계신 분입니까? 여러분이 하나님의 아들을 발견하리라고 기대하는 곳은 어디입니까? 무덤 속입니까? 그곳이 영원히 살아 계신 분을 위한 장소입니까? 사망이 거하는 곳에 생명이 있을 수 있습니까? 왜 당신은 죽은 자들 가운데서 살아 계신 분을 찾습니까?(눅 24:5 참고) 아닙니다. 주님은 여기 계시지 않습니다. 결코 그렇지 않습니다. 죽음의 자리에서는 생명의 주를 결코 찾을 수 없습니다. 그분은 정말로 여기 계셨으나 지금은 여기 계시지 않습니다. 바위벽과 돌문으로는 그분을 가두어 둘 수 없습니다. 주님은 겟세마네에, 빌라도의 법정에, 십자가 위에 계셨습니다. 그러나 지금은 아닙니다. 주님은 그곳에 잠시 계셨으나 그 어디에도 머무시지 않았습니다. 주님은 그 모든 곳들을 뒤로한 채 떠나셨습니다. 지금 주님은 온전한 생명과 썩지 않는 것과 영광과 함께 계십니다. 주님은 지금 '여기' 계시지 않습니다!

'여기' 계시지 않다면 주님은 지금 어디에 계신 것일까요? 우리가 그분을 따라 엠마오와 갈릴리로 갈 때는 금세 주님이 어디에 계신지를 발견할 수 있습니다. 그러나 설령 우리가 주님이 어디에 계신지를 알지 못한다 할지라도, 주님이 사라진 것이 이 땅을 버리신 것도 아니고 자신의 자녀들을 외면하신 것도 아니라는 사실을 우리가 안다면, 주님이 어디에 계신지를 아는 것이 무엇이 중요하겠습니까? 주님이 무덤에서 사라지신 것은 오직 자신의 사랑을 수행하시기 위해서였습니다.

　우리 주님은 살아나셨습니다. 주님은 돌로 된 바닥에 누워 계셨지만, 단 하루 동안만 누워 계셨을 뿐입니다. 그 무덤은 이 땅에서 그분의 첫 번째 안식처였습니다. 이전에 모든 곳은 그분께 지치고 힘든 곳이었습니다. 주님은 아주 잠시 동안 그곳에서 안식을 취하신 후에 다시 일어나셨습니다. 그리고 조금도 지치지 않은, 새롭게 충만해진 힘으로 자신의 일을 다시 시작하셨습니다.

　주님은 친구나 원수에 의해서 자신의 임무를 성취하시지 않았습니다. 주님은 하나님 아버지에 의해 다시 사셨습니다. 주님은 의로운 자로서, 자기의 목적을 온전히 성취한 자로서, 자기의 일을 마친 자로서, 사망을 이긴 자로서, 죽음의 권세를 소유한 자를 정복한 자로서, 하나님 아버지께서 너무나 기뻐하시는 사랑받는 아들로서 하나님 아버지에 의해 다시 사셨습니다. 이 참된 성전은 오직 더 크고도 결코 무너지지 않는 장엄함으로 다시 세워지기 위해 파괴되었습니다. 이 참된 실로암은 더 충만하고 풍부한 물을 흘려보내기 위해 사흘 동안 잠시 물을 흘려보내는 일을 멈추었습니다. 이 참된 태양은 결코 쇠하지 않는 영광 안에서 다시 빛을 발하기 위해 사흘 동안 어둠 속에 있었습니다.

　주님은 다시 살아나셨습니다! 그리고 지금 우리는 사망이 결박했던 자에 관하여, 그분이 직접 무덤에서 선포하신 말씀의 의미를 더욱 온전히 보게 됩니다.

"나는 부활이요 생명이니"(요 11:25).

그분은 다시 살게 하는 분인 동시에 자신이 다시 사신 분이며, 소생하게 하는 분인 동시에 자신이 소생하신 분입니다. 그분은 첫째 아담이 알았던 것보다 더 높고 무한한 생명을 소유하고 계시며, 친히 그것을 베풀어 주시는 분입니다. 그분은 사망의 지하 감옥으로 향하는 길을 내고, 어느 누구도 저항할 수 없는 권능으로 그 감옥들을 불멸과 영광이 거하는 거처요 궁전과 성전으로 바꾸어 놓을 수 있는 생명을 소유하고 계시며, 그것을 친히 베풀어 주시는 분입니다!

주님은 다시 살아나셨습니다! 주님은 죽음을 맛보셨지만 썩지 않으셨습니다(시 16:10 개역한글 참고). 주님이 '하나님의 거룩한 자'(막 1:24)이기 때문이며, 거룩함과 썩음이 함께할 수 없기 때문입니다. 하나님 아버지의 사랑을 받는 자로서 그분은 죽음에서 일어나셨습니다. 양을 위해 자신의 생명을 내주신 그분을 아버지께서 사랑하시기 때문입니다. 우리는 이 부활 속에서 주님의 아들 됨을 증언하시는 아버지의 선포를, 주님께서 완성하신 대속의 역사에 대한 아버지의 인치심을, 주님의 갈보리 사역에 대한 아버지의 만족과 기쁨의 선포를 읽습니다.

그러므로 이제부터 제자들은 부활하신 주님과 함께해야 했습니다. 엠마오로 가는 길에 제자들과 동행했던 분은 바로 부활하신 그리스도이셨습니다(눅 24:13-31 참고). 제자들이 모여 있던 다락방에 들어와 "너희에게 평강이 있을지어다"(요 20:19, 21, 26)라고 말씀하신 분도 바로 부활하신 그리스도이셨습니다. 오백여 형제에게 일시에 보이신 분도 부활하신 그리스도이셨습니다(고전 15:6 참고). 갈릴리 바닷가에서 제자들에게 나타나시고, 그들을 위해 숯불 위에 조반을 준비하신 분도 부활하신 그리스도이셨습니다(요 21:1-13 참고). 제자들 사이에 계시면서 사십 일 동안 그들과 동행하신 분도 바로 부활하신 그리스도이셨습니다(행 1:3 참고).

마찬가지로 우리도 매일의 순례길에서 부활하신 그리스도와 동행해야 합니다. 우리는 주 예수 그리스도의 인격 안에서 길모퉁이마다에서 부활을 만납니다. 부활하신 그리스도는 우리에게 이렇게 말합니다.

"내가 살아 있고 너희도 살아 있겠음이라"(요 14:19).

주님 안에 있는 생명이 부활의 생명이기 때문입니다.

우리가 죽었다가 다시 사신 그분을 믿게 된 순간부터 믿음은 우리를 이 부활의 생명으로 이끕니다. 다음의 내용을 주목하여 봅시다.

① 부활의 생명의 안정성

부활의 생명은 첫째 아담의 경우와 같이 단순히 무(無)에서 나온 생명이 아닙니다. 그것은 사망에서 나온 생명입니다. 성경은 이 생명을 더 높고 더 충만하며 더 안전한 것으로 우리에게 제시합니다. 결코 죽지 않는 나무가 움을 틔우고 자라는 토양은 이 땅의 일반적인 토양과는 다릅니다. 그것은 묘지의 흙이며, 무덤 속의 티끌입니다. 이 생명은 어떤 죽음도 건드릴 수 없는, 훨씬 더 안전한 생명입니다. 이 생명은 죽었다가 다시 사신 주님의 부활의 생명으로부터 우리에게 옵니다. 우리를 주님께 연합시켜 주는 믿음은 우리를 주님의 부활의 생명에 동참하는 자로 만듭니다. 아니, 그 연합은 너무나 온전하여 주님의 부활이 곧 우리의 것이 됩니다. 우리는 주님과 함께 다시 살고, 주님과 함께 영원히 멸하지 않는 거룩한 생명을 입습니다.

② 부활의 생명의 능력

우리의 주님은 부활하신 자로서 "하늘과 땅의 모든 권세를 내게 주셨으니"(마 28:18)라고 말씀하셨습니다. 주님은 바로 이 능력을 소유한 분으로 무덤에서 나오셨습니다. 그 능력은 곧 주님이 사망을 이기신 능력, 즉 '불멸의 생명의 능력'(히 7:16)입니다.

한 알의 밀이 땅에 떨어져 죽었습니다(요 12:24 참고). 그것은 연약한 씨앗으로 뿌려졌으나 능력 안에서 다시 일어났습니다. 바로 이 부활의 생명의 능력으로 말미암아 주님은 사로잡은 자를 끌고 가며 높은 곳으로 오르십니다. 바로 이 부활의 생명의 능력으로 말미암아 주님은 지금 보좌 위에서 권세를 쥐고 계십니다. 바로 이 부활의 생명의 능력 안에서 주님은 영광 가운데 다시 오십니다. 주님은 구속자요 왕이시며 만민의 심판자이십니다. 주님은 바로 이 부활의 생명의 능력으로 자신의 교회 안에서 행하시며 '우리를 거듭나게 하사 산 소망이 있게'(벧전 1:3) 하시고, 각각의 거듭난 자들을 적대감과 사망의 세상에서 외적인 싸움과 내면의 두려움으로부터 지켜 주십니다. 이와 같이 주님 안에서, 그리고 주님의 권능 안에서 힘을 얻는 우리는 정복자보다 더 강한 자들입니다.

③ 부활의 생명의 사랑

부활을 통해 새롭고 더 높은 단계의 존재가 됩니다. 부활로 인해 완벽한 생명과 함께 완벽한 사랑이 찾아왔습니다. 그것은 사랑의 새로운 선율을 담아 연주하기 위해 완벽하게 조율된 악기와도 같습니다. 소생한 생명의 사랑은 모든 것 중에서도 가장 넓고 높습니다. 우리는 이 사랑에 참여하는 자가 되었습니다. 이 사랑은 세상적이고 인간적인 모든 것을 뛰어넘는 사랑이며 지식을 뛰어넘는 사랑입니다.

④ 부활의 생명의 동정

부활은 우리와 부활하신 자 사이에 심연을 만들거나 벽을 쌓지 않습니다. 우리 주님은 자신의 양으로부터 떨어져 도저히 접근할 수 없을 만큼 높이 계신 목자가 아닙니다. 부활은 모든 심연을 메우고, 모든 벽을 허뭅니다. 우리의 목자는 자신의 양의 마음을 더 가까이, 더 온전하게 느끼기 위해 다가오십니다. 양들은 악하지만, 주님은 선하십니다. 양들은 이 땅에 속하지만, 주님은 하늘에 속하십니다. 부활은 결코 참된 인성과 관련된 것을 제거하지 않습니다. 주님의 참된 인성을 억눌러 주님의 체휼과 동정이 온전히 드러나지 못하게 만드는 것은 단지 죄 없는 연약함이었습니다. 그러나 부활의 생명은 가장 진실하고 폭넓은 동정과 체휼의 생명입니다. 그 속에는 완벽한 동정과 연민이 담겨 있습니다. 그 안에는 우리의 모든 고통과 기쁨을 아시는, 말씀이 육신이 되어 존재하신 분의 온전한 체휼하심이 있습니다.

⑤ 부활의 생명과 유대감

부활은 오직 죽음과의 관계를 제외하고는 어떤 유대 관계도 깨뜨리지 않습니다. 하나님의 아들을 우리와, 우리를 하나님의 아들과 이어 주는 관계는 연약하지 않습니다. 그 유대 관계는 매우 강합니다. 부활의 유대 관계는 어떤 관계보다도 강합니다. 그리스도의 부활의 생명은 그리스도와 성도들 사이의 유대 관계를 조금도 바꾸지 않습니다. 그것은 주님이 인간이라는 사실을 희석시키지도 않으며, 우리와 그분 사이의 의사소통의 통로를 막지도 않습니다. 주님의 불멸성은 이 세상에서 육신 가운데 있는 자들과 주님의 관계를 끊어 놓지 않습니다.

부활의 생명은 부활하지 않은 자들과 주님의 관계를 흔들어 놓거나 약화시키지도 않습니다. 오히려 새로운 사랑과 능력과 온전함과 영광이 더해진 가운데, 그분은 과거에 지녔던 모든 속성들을 여전히 지니고 계십니다. 주님의 삶에서 부활하시기 전과 부활하신 후의 차이는 단지 새벽과 정오의 태양의 차이와 같습니다.

주님의 부활의 생명을 우리에게 가장 진실한 것, 가장 합당한 것, 가장 복된 것으로 즐거이 기억하고 기립시다. 우리 자신이 죽을 수밖에 없는 존재라는 사실을 더 많이 인식하면 할수록, 우리는 부활하신 그분의 불멸하심의 귀함과 합당함을 더 깊이 느끼게 될 것입니다. 그리고 우리가 부활할 뿐만 아니라 주님과 함께 부활한다는 사실 때문에 우리와 주님 사이의 동일성을 더 깊이 깨닫게 될 것입니다.

⑥ 부활의 생명의 기쁨

'간고를 많이 겪은 분'(사 53:3 참고)께서 우리의 모든 죄를 무덤 속에 버리셨을 때 간고도 함께 버리셨습니다. 모든 간고는 주님과 함께 무덤에 묻혔습니다. 그리고 주님이 부활하실 때 주님의 충만한 기쁨이 시작되었습니다.

시편에서는 주님의 부활과 기쁨을 여러 번 선포합니다. 특히 16편에서는 이 두 가지가 눈에 띄게 연결되어 나옵니다. "이는 주께서 내 영혼을 스올에 버리지 아니하시며 주의 거룩한 자를 멸망시키지 않으실 것임이니이다"(시 16:10)라는 말씀 뒤에 곧이어 "주께서 생명의 길을 내게 보이시리니, 주의 앞에는 충만한 기쁨이 있고 주의 오른쪽에는 영원한 즐거움이 있나이다"(시 16:11)라는 말씀이 나옵니다(시 30:3-5, 116:3-7 참고).

주님께 부활은 기쁨이었습니다. 부활은 주님과 죽음의 연결 고리를 끊어 놓았을 뿐만 아니라 주님을 충만한 기쁨으로 들어가게 하였습니다. 주님은 부활한 생명에만 있는 특별한 기쁨, 오직 부활한 이만이 경험할 수 있는 기쁨을 누리셨습니다. 우리는 이 세상에서도 믿음으로 말미암아 주님의 부활의 생명의 기쁨을 어느 정도 느낄 수 있습니다. 그러나 부활의 충만한 기쁨은 '머리'뿐만 아니라 '몸'까지도 고난과 사망을 영원히 끝내게 될, 의로운 자로서의 부활을 기다리며(골 1:18 참고), 아직 우리를 위해 예비되어 있습니다.

⑦ 부활의 생명의 소망

우리는 예수 그리스도가 죽은 자 가운데서 부활하심으로 말미암아 거듭나 산(살아 있고 생명을 주는) 소망을 가지게 된 자들입니다(벧전 1:3

참고) . 우리의 '소망'은 그리스도의 부활과 부활의 생명과 연결됩니다. 그것은 생명을 담아 나누어 주는 '소망'입니다. 그 '소망'은 봉오리진 꽃망울이 활짝 피어나듯이 영광스러운 생명의 충만함으로 피어납니다.

우리가 둘째 아담의 부활의 생명을 통해 참여하게 된 소망은 부활하지 않은 첫째 아담의 생명이 줄 수 있는 소망과는 비교할 수도 없이 뛰어납니다. 그것은 오직 둘째 아담의 부활한 후손들에게만 속하는, 오직 구속받은 자들과 부활한 자들만이 소유할 수 있는 유업에 대한 소망이며, 하나님의 나라와 하나님의 성읍과 영광의 소망입니다. 하나님의 아들의 부활은 우리에게 주어진 이 복된 소망에 대한 가장 확실한 약속입니다. 그러므로 우리의 구호는 바로 이것입니다.

"우리 안에 계신 그리스도, 영광의 소망!"(골 1:27 참고)

하나님의 교회에게 "그가 살아나셨다"라는 소식은 활력과 기쁨으로 가득 찬 소식입니다. 우리가 우리의 보증자의 부활을 깊이 묵상하면 할수록, 주님의 복음을 통해 빛 가운데로 나아온 생명과 불멸을 더욱 깊이 깨닫게 될 것입니다. 우리가 더 자주 주님의 비어 있는 무덤을 찾아가 직접 그분이 여기 계시지 않고 살아나셨다는 사실을 본다면, 우리가 주님과 함께 살아났다는 경이로운 진리가 우리의 마음에 스며들 것입니다. 그리고 그 부활에 참여한 자가 되었다는 사실이 말할 수 없는 기쁨과 충만한 영광이요 영적 생명과 건강과 거룩함의 참된 근원이 된다는 경이로운 진리가 우리의 마음에 스며들 것입니다.

여전히 죄의 무덤에 갇혀 슬픔으로 가득 찬 죄인들에게 이 말씀은 복음, 즉 대단히 기쁜 소식을 전합니다. 예수님의 텅 빈 무덤은 땅 끝까지 그 음성을 발합니다.

죽었다가 다시 사신 주님을 통해 영원한 생명이 임했습니다. 위대한 대속자의 사역이 열납됨으로써 용서와 의와 화목이 십자가에서 완성되고, 부활을 통해 인 쳐지고 확증되었습니다. 평화의 창조자이자 그것을 베푸는 자로서 무덤을 떠나 하늘 아버지의 우편으로 올라가신 분으로 말미암아 하나님과의 화평이 이루어졌습니다. 우리는 심판 아래 있는 자들이 모두 듣고 살아날 수 있도록 죄악에 빠져 있는 세상에 아무런 조건이나 제한 없이 이 모든 것들을 전해야 합니다.

바로 이분을 통하여 당신에게 죄의 용서가 선포됩니다. 이제 값없이 주시는 죄 사함을 받으십시오. 단 한 순간도 지체하거나 의심하지 말고 당장 죽음을 생명으로, 속박을 자유로, 이방인을 아들의 신분으로, 슬픔을 기쁨으로 바꾸십시오. 현재의 비애와 앞으로 있을 영원한 절망을 결코 부끄럽지 않을 소망으로 당장 바꾸십시오.

우리 주님이 살아나셨습니다. 죄인이여, 주님이 살아나셨습니다! 어서 이 부활하신 그리스도와 계약을 맺으십시오. 어서 주님과 영원을 위한 위대한 계약을 맺으십시오. 어서 주님의 손에 있는 생명과 복을 받으십시오. 진정으로 주님은 갈릴리 바닷가에서 죄인들에게 이렇게 말씀하셨을 때와 동일한 하나님이십니다.

"수고하고 무거운 짐 진 자들아, 다 내게로 오라. 내가 너희를 쉬게 하리라"(마 11:28).

9장
죄 사함과 평강에 대한 확신

'우리를 대신하신 그리스도' 즉, '우리의 불순종을 대신한 순종'이 복음의 첫 번째 메시지입니다. 그리스도께서 우리가 받았을 모든 법적인 요구들을 우리 대신 받으셨다는 사실이 우리의 구속을 보증합니다. 그분께서 우리의 소송 사건을 담당하시도록 우리가 동의하자마자 그 구속이 우리에게 실현됩니다.

'우리 안에 계신 그리스도'가 우리가 전하는 복음의 두 번째 메시지입니다. 이 두 번째 메시지는 매우 강력합니다. 이것을 첫 번째 메시지와 혼동해서는 절대 안 됩니다. 우리를 대신해서 이루신 일은 결코 우리 안에서 이루신 일과 동일하지 않습니다. 우리는 전자에 의해 의로운 자로 칭해지고, 후자에 의해 거룩해집니다. 전자는 당연히 우리가 그것을 믿음으로 말미암아 구원을 얻는 복음이고, 후자는 그 복음이 영혼 안에서 실행된 것입니다.

'우리를 대신하신' 그리스도로 말미암아 우리는 의롭다하심을 받습니다. '우리 안에 계신 그리스도와 그리스도 안에 있는 우리'는 우리의 거룩입니다. 전자는 외적인 대속이며, 후자는 전자로부터 비롯되지만 그것과는 결코 혼동되거나 대치되어서는 안 되는 내적인 힘(energy) 또는 작용입니다.

우리의 생명을 대신하여 자신의 생명을 십자가 위에서 주신 대속자 그리스도가 바로 우리 믿음의 대상입니다. 이 희생적인 사역에 관한 메시지가 복음이며, 이 복음을 믿는 믿음이 바로 죄를 지은 자들에게 죄 사함을 가져다줍니다.

하나님은 우리에게 지금부터 영원히 생명을 보장할 뿐만 아니라 지금 이 순간에 그 생명에 대해 확증하려고 이 복음을 주셨습니다. 그것은 진정하고도 확실한 복음입니다. 그러므로 이 복음을 믿는 사람은 구원받았음을 확신할 수 있습니다. 만일 복음이 우리에게 확신을 줄 수 없다면, 복음은 우리를 비참함 속에 빠지게 만들 것입니다. 만일 구원과 그로 인한 영광이 우리의 것이 될 것인지 되지 않을 것인지를 계속 의심해야 한다면, 복음을 듣는 것이 오히려 우리를 말할 수 없는 고통과 비참함과 고뇌 속으로 밀어 넣을 것입니다. 복음을 믿는 사람이 오히려 복음 때문에 자신이 하나님의 자녀인지 아닌지, 죄 사함을 받았는지 받지 않았는지에 대하여 계속 의심하게 된다면, 그것은 얼마나 비참한 복음이 되겠습니까? 만일 그렇다면 우리는 죄 사함을 찾을 때까지 결코 행복할 수 없고, 기쁨과 사랑으로 하나님을 섬길 수도 없을 것입니다. 오히려 고통스러운 속박과 어둠 속에서 괴로워할 것입니다.

성경은 이 문제에 대하여 구원이 값없이 주어지고 확증된 현재의 선물이라고 우리에게 말합니다.

"이 사람을 힘입어 믿는 자마다 의롭다하심을 얻는 이것이라"(행 13:39).

"아들을 믿는 자에게는 영생이 있고"(요 3:36).

성경은 불신자나 의심하는 자에게는 조금도 자비를 베풀지 않습니다. 성경은 그것을 겸손이라고 하지 않습니다. 성경은 의심하는 자기 자신을 높이 평가하라고 가르치지 않습니다. 성경은 불확실함이나 어둠을 결코 용납하지 않습니다.

종교개혁 이후로 우리의 선조들은 바로 이 주제에 관심을 기울였습니다. 그들은 인간이 의롭다 칭함을 받았다는 것을 반드시 알아야 한다고 주장했습니다. 그리고 불확실함을 가르치거나 믿음의 온전한 확신을 따로 구별하거나, 인간이 회심한 순간부터 이 확실함을 소유하게 되는 것이 아니라 자신의 선한 감정과 행위들을 쌓아 가면서 자신의 그런 탁월함으로 말미암아 자신이 택함을 받은 자요 하나님의 은총 가운데 있게 된 자라는 결론을 얻음으로써 해가 지날수록 이 확실함을 더욱 굳건히 해 가는 것이라고 주장하는 것은 로마 가톨릭교회에서 일삼는 술책이라고 가르쳤습니다.

우리 선조들은 사도 바울이 빌립보 감옥의 간수에게 복음을 전했을 때 그가 복음을 받아들이자마자 크게 기뻐했다는 것을 믿었습니다(행

16:27-34 참고). 우리의 선조들은 "우리가 믿음으로 의롭다하심을 받았으니 우리 주 예수 그리스도로 말미암아 하나님과 화평을 누리자"(롬 5:1)라는 말씀을 믿었습니다. 그리고 믿는 자의 삶이 죄 사함을 분명하게 아는 삶이라는 것을 믿었습니다. 그런 삶이 하나님과 화평을 누리는 삶이며, 하나님과 자기 자신 사이에 있던 위대한 질문이 해결되면서 시작된 삶이요, 그 문제의 해결을 미루거나 계속 의심에 머무르지 않고 하나님과 동행하는 삶임을 믿었습니다. 동의가 없이는, 그리고 화해를 인식하지 않고서는 하나님과 교제할 수 없기 때문입니다.

종교개혁의 모든 신조와 신앙고백들은 이것을 당연한 것으로 인정합니다. 그리고 불확실에 대한 교리를 가톨릭의 가장 사악한 거짓말 중 하나로 생각합니다.[1] 물질주의적인 사제들이 사람들을 계속 불안과 의심 속에 가두어 놓음으로써 그들로 하여금 죄 사함을 얻기 위해 사제들과 거래하고 대가를 지불하도록 할 요량으로 만들어 낸 교리라고 생각

---

[1] 하이델베르그 교리문답에서는 이에 관하여 이렇게 말합니다.
〈질문〉 당신은 사람들에게 의심하고 두려워하라고 가르치는 교황주의자들의 교리를 어떻게 생각합니까?
〈대답〉 그것은 처음부터 믿는 자를 불신자와 같은 자리에 놓는, 위로라고는 전혀 찾아볼 수 없는 교리입니다.
 이 교리문답의 다른 곳에서는 다음과 같이 말합니다. "교황주의자들은 계속되는 의심과 불안한 마음과 양심의 파괴 속에서 무슨 위로를 소유합니까? 그들은 다음과 같이 말합니다. '나의 마음을 괴롭히는 세 가지가 있습니다. 첫 번째는 내가 반드시 무덤을 발견한다는 것입니다. 두 번째로 나의 마음을 더욱 괴롭히는 것은 내가 그때를 알지 못한다는 것입니다. 세 번째로 나의 마음을 가장 괴롭게 하는 것은 내가 그때를 결코 알아서는 안 된다는 것입니다.'
 믿는 자는 이것에 대하여 어떻게 대항합니까? '나의 마음에 용기와 기쁨을 주는 세 가지가 있습니다. 첫 번째는 그리스도 안에서 내가 죄 사함을 받는다는 것입니다. 두 번째는 나의 마음에 더욱 용기와 기쁨을 주는 것으로 그리스도 나의 주님께서 나를 대신하여 그 일을 감당하셨다는 것입니다. 세 번째로 나에게 가장 큰 용기와 기쁨을 주는 것은 내가 천국에 있는 나의 자리를 본다는 것입니다.'"

합니다. 구원의 확신이 모든 믿는 사람들의 권리라면, 이러한 사제의 직분은 당연히 없어져야 할 것입니다. 그들의 고안품들은 사라질 위기에 놓이는 정도가 아니라 아예 사라져 버릴 것입니다. 사제들이 벌인 장사가 그토록 번창하고 그들이 사람들의 의심을 빌미로 돈을 벌어들일 수 있었던 것은, 바로 그들의 비참한 희생양들에게 구원의 확신이 없었기 때문이었습니다.

이 고안품을 통해 그들은 매우 많은 부를 소유하게 되었고, 그렇기 때문에 로마 가톨릭과 사제들은 항상 확신의 교리를 싫어했습니다. 그 교리가 그들의 입에서 빵을 빼앗아 가기 때문이었습니다. 하나님께서 그렇게 값없이, 그렇게 단순한 방법으로, 그렇게 확실하게, 그렇게 즉시 죄를 용서하신다면, 사제들은 얼마나 비참해지겠습니까! 누가 그들에게 죄 사함을 위한 값을 지불하겠으며, 누가 그들에게로 가서 하나님께서 이미 그들보다 더 뛰어난 방법으로 확증해 놓으신 것에 대해 다시 확인받으려고 하겠습니까?

로마 가톨릭주의자들은 항상 확신은 추측일 뿐이라고 주장해 왔습니다. 그런데 매우 놀랍게도 그들은 자신들의 의견을 옹호하기 위해 오늘날 많은 개신교도들이 인용하는 것과 동일한 성경 구절들을 인용합니다. "두렵고 떨림으로 너희 구원을 이루라"(빌 2:12), 또는 사도가 '버림 받은 자'를 표현한 "선 줄로 생각하는 자는 넘어질까 조심하라"(고전 10:12) 등과 같은 말씀입니다.

그들 중 한 사람은 잉글랜드의 어떤 종교개혁자와 논쟁을 벌이면서 빌립보서 2장 12절에서 바울 사도가 이야기한 바와는 정반대로 '은혜와 구원의 확실성에 대한 가정적(假定的)인 의견'에 대하여 말했습니다. 이 열렬한 로마 가톨릭의 논쟁가들은 확신에 반대하여 여러 가지 논거들을 들었습니다. 그중 몇 가지만 발췌해서 살펴봅시다.

"그 누구도 하나님의 자비하심과 그리스도의 공로를 결코 불신해서는 안 된다. 사람은 불완전하므로 자신이 받은 은혜에 관해 두려워해야 한다. 따라서 어느 누구도 자신이 하나님의 은총을 발견한 자인지를 확실하게 알 수 없다.

사람이 자신이 받은 은혜에 대하여 확신하는 것은 좋지 않다. 이 비밀에 대하여 모르는 것이 사람을 겸손하게 지켜 주고 성장하게 한다. 반면 확신은 교만을 낳는다.

확신은 하나님께서 그들의 죄를 용서해 주셨다는 독특하고도 특별한 은혜를 계시해 주신, 은총받은 자 몇몇에게만 주어지는 특권이다.

가장 완벽한 사람들은 이 불확실함으로 인하여 죽을 때 겸손해진다. 그리고 가장 거룩한 사람들 중에도 이에 대하여 확신하지 못하는 사람들이 있는데, 어떻게 모든 믿는 사람들이 자신의 칭의에 대하여 확신할 수 있겠는가?

가장 선한 사람들의 믿음도 실패할 수 있다. 그러므로 이에 대한 확신이란 있을 수 없다.

다음은 확신에 대한 잘못된 주장을 단번에 물리칠 수 있는 말씀들이다. '그런즉 선 줄로 생각하는 자는 넘어질까 조심하라'(고전 10:12). '우리가 하나님과 함께 일하는 자로서 너희를 권하노니 하나님의 은혜를 헛되이 받지 말라'(고후 6:1). '옳도다. 그들은 믿지 아니하므로 꺾이고 너는 믿으므로 섰느니라. 높은 마음을 품지 말고 도리어 두려워하라'(롬 11:20). '그러므로 나의 사랑하는 자들아, 너희가 나 있을 때뿐 아니라 더욱 지금 나 없을 때에도 항상 복종하여 두렵고 떨림으로 너희 구원을 이루라'(빌 2:12)."

구원의 확신에 반대하는 가톨릭과 트렌트 공의회(Council of Trient)는 다음과 같은 결론에 도달했습니다.

"누구든지 의롭다하심을 받는 믿음이 그리스도를 위하여 모든 죄를 도말하시는 하나님의 자비하심에 대한 확신이라고 말하거나, 또는 오직 그러한 확신에 의해 우리가 의롭다하심을 받는다고 말한다면, 그는 저주를 받을 것이다."

삼백 년 전 순교자들의 역사를 기록한 『기독교 순교사화』(The Book of Martyrs)를 쓴 존 폭스(John Foxe)[2]는 가톨릭에 대해 이렇게 말했습니다.

---

[2] 역자주 – 존 폭스는 잉글랜드의 청교도 설교가로, 『기독교 순교사화』(The Book of Martyrs)를 저술하였습니다. 이 책은 프로테스탄트 신앙을 주장하다가 박해를 받은 사람들에 대하여 생생히 기술하고 있으며, 논쟁적인 해설을 담고 있습니다. 이 책은 잉글랜드 청교도들의 가정에서 성경 다음으로 가치 있게 여겨지고 널리 읽히는 책으로, 적어도 한 세기 동안 로마 가톨릭교회에 대한 대중들의 견해에

"가톨릭은 사람들의 비참한 양심이 끊임없이 의심에 빠져 있도록 놔두었다"(1권 78쪽).

이것이 진실입니다. 로마 가톨릭교회에 진지하게 저항하는 많은 사람들에게 이것이 진실입니다. 로마 가톨릭교회는 반드시 의심으로 이어져서 모든 비참한 죄인이 불확실함밖에 얻을 수 없는 교리를 가르칠 뿐만 아니라, 오히려 의심을 겸손하고 탁월한 것이며 믿음을 위한 선한 준비요 심지어 꼭 필요한 요건으로 여기도록 사람들을 설득하려 했습니다. 그들의 신학에서는 의심이 믿음보다 훨씬 더 강제적이고 의무적인 것이었습니다. 그들은 불신의 필요성과 적절성을 강하게 주장하면서 확신에서 비롯되는 복을 낮게 평가하고, 인정하려 하지 않습니다. 그들은 불신이 죄라는 것을 부인하며, 확신에 거해야 할 의무도 부인합니다.

또한 존 폭스는 한 사람이 구원받는 것은 그 사람의 공로가 아니라 믿음에 의한 것임을 제시한 다음에, '지독하게 눈이 멀었고 신성모독의 죄를 범하는' 로마 가톨릭교회의 주장을 단적으로 예를 들어 보여 주었습니다.

"인간이 그리스도를 통하여 죄 사함을 받았으며 영생을 소유하게 될 것을 믿고 그것을 분명하게 확신하는 것은 결코 믿음이 아니다.

영향을 미쳤습니다. 그는 이 책에서 14세기 이후부터 시작해 폭스 자신이 살았던 메리 1세 여왕의 시대에 이르기까지 순교를 당한 잉글랜드의 프로테스탄트들에 대해 주로 다루었습니다.

그것은 단지 무모함과 경솔함에 지나지 않는다. 그것은 성신의 설득이 아니라 인간의 무모한 추측일 뿐이다."

위의 글은 가톨릭의 기록에서 발췌한 것으로, 구원의 확신 교리에 대한 로마 교황주의자들의 증오를 잘 드러내 줍니다. 여기에서 사용되는 용어는 오늘날 많은 개신교도들이 사용하는 것과 거의 동일합니다.

로마 가톨릭주의자들은 "만일 어떤 사람이 대단히 거룩한 삶을 산다면, 혹시 그가 죽기 전에 하나님께서 자신의 은혜를 계시해 주고 구원의 확신을 주실지도 모른다. 그러나 인간이 하나님의 자비하심과 그리스도의 공로를 믿어야 하는 것은 맞지만 이 믿음이 칭의에 대한 확신을 가져다주는 것은 아니다"라고 주장합니다. 그것은 많은 개신교도들이 주장하는 바와 거의 흡사합니다. 이와는 반대로 우리 조상들은 인간이 믿음으로 말미암아 의롭다하심을 받으며, 자신이 의롭다하심을 받았다는 것을 알아야 하고, 이것을 아는 것이 거룩한 삶의 가장 큰 원동력이 된다고 주장했습니다.

로마 교황주의자들은 확신이라는 용어에 이의를 제기하지 않았습니다. 그들은 그것이 불가능한 것이라고 주장하지도 않았습니다. 다만 그들은 인간이 확신을 얻을 수도 있겠지만 매우 거룩한 몇몇 사람들만이 그럴 수 있다고 주장했습니다. 그들은 오직 거룩한 삶을 통해서만 확신의 은혜에 도달할 수 있으며, 느리지만 점차 거룩한 삶으로 발전해 가면서 확신이 자라나게 되는 것이라고 단언했습니다. 그리고 세월이 흐르는 동안 인간이 자신의 선행들을 헤아리고 자신의 거룩함의 분량을 확인함으로써 자신이 하나님의 자녀라는 결론에 이르게 될 수도 있겠지만, 반드시 그렇게 되는 것은 아니라고 주장했습니다. 그들은 이런 종교적인 집행유예의 삶이 반드시 슬프고 우울해야 한다고 너무나도 열렬히 주장했습니다. 왜냐하면 루터가 칭의에 대하여 아는 것이 인간에게 진정한 자유의 기쁨을 주고 다른 누군가가 개입하거나 지체되는 것 없이 하나님과 직접 교제하게 만든다고 주장했기 때문입니다. 그것은 곧 사제의 직분과 권한, 고해성사를 완전히 배제시키는 주장이었습니다.

칭의에 대한 이러한 인식은 인간으로 하여금 행복한 삶을 영위하게 해 줍니다. 그로 말미암아 사람이 의심의 짐과 불확신의 어둠으로부터 벗어나게 되기 때문입니다. 칭의에 대한 확신은 신앙을 밝고 평온하게 만들어 줍니다. 그가 하나님과 화해하였다는 확신에서 비롯된 칭의에 대한 인식은 확신이 없어서 나타나는 잔혹한 불안함과 막연한 두려움으로부터 그를 구속해 줍니다.

칭의에 대한 인식은 자기 의에 대한 모든 유혹으로부터 인간을 구원해 줍니다. 그것이 그의 내면에 있는 그 어떤 선한 것으로부터도 나올 수 없는 것임을 알기 때문입니다. 그러하기에 칭의에 대한 확신은 교만과 추측으로부터 인간을 지켜 줍니다. 칭의에 대한 확신을 얻기 위해 자신의 선함을 강조하려는 모든 노력으로부터 인간을 지켜 줍니다. 그것은 그리스도께서 행하신 것에 자신이 무엇인가를 더하려는 노력으로부터 인간을 끌어내어 그리스도만을 향하게 합니다. 그리하여 자신이 아닌 그리스도를 그의 새로운 자아의 기반이자 중심으로 삼게 합니다.

칭의에 대한 확신은 인간을 자기 자신과 자신 안에 있는 모든 것들에 대해서 더욱 만족하지 못하게 만들며, 반면 예수님과 그분의 충만하심에 대해서 더욱 만족하도록 만듭니다. 그것은 자신에 대한 만족함이나 성장해 가는 자신의 거룩함이나 자신의 미덕과 기도와 선행의 분량이 아니라, 오로지 하나님께서 기뻐하시는 분이 온전히 성취하신 일에 '하나님을 향한 담대함'(요일 3:21 참고)의 근거를 두도록 가르칩니다.

로마 가톨릭주의자들은, 구원이 전적으로 그리스도로 말미암으며 우리가 구원을 얻기 위해서는 그분을 믿어야 한다는 개신교도들의 일반적인 신앙고백을 묵인합니다. 그러나 그들은 사람이 믿자마자 자신이 구원받았음을 알게 된다는 생각에는 반대합니다. 그들은 이 칭의가 오직 하나님만이 아실 뿐 그분을 믿는 죄인에게는 숨겨진 비밀이라는 것을 인정하기만 한다면, 심지어 '믿음으로 말미암은 칭의'라는 용어까지도 받아들이려 했습니다. 그들은 그렇게 표현의 형식에 불과한 것에는 그다지 주의를 기울이지 않았지만, 그 가운데는 명백하게 개신교의 교리로 이어지는 부분들이 있었습니다. 그러나 그들의 체계에서 더욱 핵심적인 것은, 칭의가 어떤 식으로 일어나든 간에 죄인이 수년 동안, 혹은 평생 동안 불확신에 거하도록 그것이 반드시 죄인 자신에게는 비밀이 되어야 한다는 것입니다.

'공로를 통한 칭의'뿐만 아니라 '의식하지 못하는 믿음으로 말미암은 칭의'라는 개념도 그들의 암흑의 체계에 꼭 맞아떨어졌습니다. 그들은 이런 종류의 칭의를 미워한 것이 아니었습니다. 그들이 미워한 것은 죄인들이 의롭다하심을 받았음을 알고 믿기만 하면 수년에 걸친 선한 행위가 없어도 즉시 하나님과 화평을 누리게 된다는 칭의의 개념이었습니다.

물론 그들은 개신교적인 의미에서의 값없이 주시는 칭의에 반대합니다. 그러나 그들은 칭의를 값없이 주셨다는 것보다는 죄인들이 그것을 알게 된다는 데 더 강하게 반대합니다. 왜냐하면 사람들이 믿음의 과정 중 어느 단계에서든지 불확신을 가지기만 한다면 자신들의 목적이 달성된다는 것을 그들이 너무나 잘 알고 있었기 때문입니다. 그러한 불확신을 제거하기 위해 사람들은 분명히 성당으로 모여들 것이며, 그것이야말로 그들이 원하는 전부이기 때문입니다.

이처럼 불확신이 필요한 것이며 오직 거룩한 삶의 성장으로 그것을 제거할 수 있다고 단언하는 교리는, 비록 개신교도들도 거론하기는 하지만 분명히 옛 가톨릭의 교리입니다. 루터는 그것을 비판했지만, 추기경인 벨라민(Bellarmine)은 그것을 계속 주장했습니다. 또한 몇몇 개신교도들 측에서 주장하는 바 확신에 관한 현대의 많은 반대 이론들은 믿음에 의한 칭의를 반대하는 로마 가톨릭주의자들의 주장을 단순히 반복하는 것에 지나지 않습니다.

칭의에 대한 확신에 반대하는 이론들은 거의 대부분 믿음으로 말미암은 칭의에 반대합니다. 만일 확신에 반대하는 그러한 일반적인 주장들이 타당하다고 판명된다면, 그 주장들은 공로에 의한 칭의를 내세우는 데 여념이 없을 것입니다. 믿음을 통한 구원과 공로를 통한 확신은 결코 양립할 수 없습니다.

  우리를 의롭게 하시는 하나님의 행위와 하나님께서 우리로 하여금 그것을 알게 하시는 것 사이의 '간격'에 대해 성경은 분명히 언급하지 않습니다. 이 간격은 넓든 좁든 간에 사제들이 중재자로 개입할 충분한 여지를 주려는 의도로 로마 가톨릭주의자들이 만들어 낸 것이며, 몇몇 개신교도들이 교만과 추측으로부터 우리를 구원하겠다는 핑계로 계속 유지해 온 개념입니다. 성경은 이 간격이라는 개념을 연옥(煉獄)만큼이나 인정하지 않습니다. 로마 가톨릭주의자들은 영혼이 죄 사함을 받은 것도 아니고 받지 않은 것도 아닌 상태로 천국도 지옥도 아닌 곳에 있는 연옥, '장차 있을 삶'의 중간적인 상태에서 죄를 제거하고 거룩해져야 한다고 주장합니다. 그러나 이런 어두운 간격은 사람들이 고안해 낸 것일 뿐입니다. 그런데도 몇몇 개신교도들은 이와 동일하게 예수님을 믿은 죄인이 의롭다하심을 받았는지 받지 않았는지 알 수 없는 상태가 필요하다고 주장하였습니다. 즉, '이 세상에서의 삶'의 중간적인 상태가, 거룩함을 낳고 그 거룩함을 통해 생을 마감하기 전에 확신에 이르게 하는 데 필요한 수단이라는 것입니다. 그러나 성도의 삶을 너무나 황폐하고 두렵게 만드는 이 슬픈 간격, 연옥에 대해 성경은 전혀 말하지 않습니다. 그것은 로마 가톨릭으로부터 빌린 망상이며, 즉각적인 평화와 즉각적인 수양(양자 됨)과 즉각적인 교제 관계를 누리는 것에 대한 인간의 반감에 기반을 둔 속임수일 뿐입니다.

자기 의로 가득 찬 사람의 마음은 자신이 종교적으로 훈련하기 위한 공간으로서 앞서 말한 '간격'을 열망합니다. 그러면서 칭의에 대한 인식이 양심에게 요구하는 바 세상과 구별된 거룩한 삶에 대한 책임에서 벗어나려고 합니다.

그러므로 로마 가톨릭주의자들이 이 주제에 대하여 뭐라고 말하는지를 살펴보는 것은 우리에게 매우 가치 있는 일일 것입니다. 그들의 오류는 우리가 진리를 이해하는 데 많은 도움을 줄 것입니다. 여러분은 교황주의자들이 논쟁했던 주제가 바로 '현재 하나님과 누리는 화평'이라는 것을 알 수 있을 것입니다. 그리고 종교개혁자들이 이 현재의 화평, 곧 즉각적인 확신을 지키기 위해 생명을 걸고 그토록 치열하게 싸웠음을 알게 될 것입니다.

1547년에 가톨릭교회들이 대대적으로 모여 개최한 트렌트 공의회는 믿음과 은혜와 관련된 이러한 논점들을 받아들였습니다. 그들은 구원의 확신에 대하여 비난하면서 그것을 저주받아 마땅한 것으로 선포했습니다. 또한 의롭다 하는 믿음이 하나님의 자비하심에 대해 확신하게 한다고 단언하는 모든 사람들을 파문하라고 선포했습니다. 그리고 '죄의 소멸에 대한 믿음과 확신'을 주장하는 사람을 이단자라고 비난했습니다.

그러나 그들에게도 믿음으로 말미암은 칭의에 대한 이론이 있었습니다. 여기서는 그들의 말을 그대로 전하고자 합니다. 왜냐하면 앞서 말한 것처럼 그것이 일부 개신교도들이 제시한 바 오랜 세월이 흐른 후에 칭의를 아는 데 이르는 방식으로서의 과정과 놀랍게 일치하기 때문입니다.

"'선행되는 은혜'로부터 칭의가 시작된다. '준비'되는 방식은 다음과 같다. 먼저 하나님의 계시와 약속을 믿는다. 그리고 자신이 죄인이라는 것을 안다. 그러고는 하나님의 공의에 대한 두려움에서 돌이켜 그분의 자비하심을 바라보며 그분으로부터 죄 사함 받기를 소망한다. 그것을 통해 그분을 사랑하고 죄를 미워하기 시작하며, 새로운 삶을 시작하고 하나님의 명령을 지킨다. 이러한 준비 과정을 따라 칭의가 나타난다."

많은 개신교도들이 즉각적인 죄 사함과 하나님과의 화평이라는 진리를 거부하고, 이 점증적인 칭의, 또는 점차적으로 칭의에 접근하는 것에 관한 이론을 주장하고 사용합니다.

그 뒤를 이어 공의회의 또 다른 선언문이 나옵니다. 그것은 "우리는 그리스도를 의심하지 않습니다. 우리는 단지 우리 자신을 의심할 뿐입니다"라는 말에 담긴 바 불확신에 대한 현대의 이론과 의심에 대한 일반적인 변명들을 노골적으로 표현합니다. 가톨릭 사제들은 이렇게 강조하여 말합니다.

"그 누구도 하나님의 자비와 그리스도의 공로, 그리고 성례의 효력을 의심해서는 안 된다. 그러나 자기 자신의 기질에 대해서는 의심해야 한다. 왜냐하면 자신의 믿음이 절대적으로 확실한 것인지, 그리고 자신이 오류가 전혀 없는 믿음으로 말미암아 구원의 은혜를 받았는지를 확신할 수는 없기 때문이다."

여기에서 죄인들은 하나님의 자비하심과 그리스도의 공로를 믿으라고 배웁니다. 그러나 여전히 믿음의 결과, 곧 하나님과의 흔들리지 않는 화평에 관해서는 계속 의심해야 한다고 배웁니다. 참으로 자기 의는 그것이 공로를 의지하든 감정을 의지하든, 구교에서든 신교에서든 관계없이 항상 동일하게 나타납니다. 그것은 동일한 오류를 낳는 뿌리이며, 복음을 믿는 믿음으로 말미암아 죄인이 즉각적으로 확신하는 것을 허용하지 않겠다는 동일한 결정의 근원입니다.

이 로마 가톨릭 공의회는 구원의 확신에 대한 교리가 반드시 가장 중요한 저주의 대상이 되어야 한다는 데 모든 관심을 기울였습니다. 그들은 이른바 '마틴 루터의 모든 오류'에 대해 '인간이 의롭다하심을 받는다'는 이 이중적 근원으로 거슬러 올라갔습니다. 그들은 이 독일의 종교개혁자가 죄인이 참회하는 행위를 쓸모없게 만들고자 즉각적이고도 의식적인 칭의에 대한 교리를 고안해 냈다고 비난했습니다. 가톨릭주의자들은 죄인이 불완전하기 때문에 그 교리로 인하여 탐욕과 타락으로 이끌려 갈 수밖에 없다고 주장했습니다. 그들은 값없이 주어진 칭의가 이제까지 들어본 적이 없는 주장이며, 선한 행위를 필요 없는 것으로 만들 뿐만 아니라, 하나님의 율법에 순종하게 만드는 모든 의무로부터 인간을 자유롭게 한다고 말했습니다.

그 회의에 참석한 박식한 학자들이 루터파의 교리에 당황한 것처럼 보입니다. 학자들은 그것에 대하여 토론을 벌인 적이 한 번도 없었을 뿐만 아니라 그것에 대하여 언급조차 해 보지 않았습니다. 과거에는 신앙 안에서나 밖에서나, 어느 쪽에서도 그러한 주장이 논의된 적이 없었습니다. 그들이 아는 한 그것이 진리로 주장된 적도 없었으며, 이단으로 비난받은 적도 없었습니다. 그것은 절대적으로 새로운 주장이었습니다. 그들은 그것을 이해하지 못했고, 그 결과 당연히 그것을 왜곡하여 전했습니다.

원죄는 학자들 사이에서 매우 빈번하게 논의되어 온 주제였으므로, 로마 가톨릭교회의 모든 신학자들과 사제들은 그것에 매우 친숙할 뿐만 아니라 다양한 측면에서 그것을 파악하고 있었습니다. 그래서 공의회는 이 주제에 관한 한 전혀 불편함이 없었고, 몇 가지 요점만으로 쉽게 그에 상응하는 저주를 선포할 수 있었습니다. 그러나 루터의 칭의에 대한 교리는 그들을 궁지로 몰고 갔습니다. 파오로 사르피(Paolo Sarpi)[3]가 쓴 역사서의 어느 오래된 번역본에는 다음과 같이 기록되어 있습니다.

---

3) 역자주 – 파오로 사르피는 이탈리아의 학자로서, 그의 조국 베네치아가 교황 파울루스 5세와 싸울 때 베네치아의 편에서 애국 활동을 펼쳤습니다. 신학자이기도 했던 그는 1610-1618년에 교황주의를 비난하는 중요한 저서인 『트렌트 공의회의 역사』(History of the Council of Trient)를 썼으며, 이탈리아인으로서 일찍이 교회와 국가의 분리를 옹호했습니다.

"의롭게 하는 믿음이 하나님의 약속에 대해 확신하는 확실한 믿음이라는 루터의 의견은 율법과 복음의 차이 등 그에 따르는 결론과 더불어 어떤 학자도 전혀 생각해 본 적이 없는 것이었다. 그러므로 그것은 단 한 번도 논박이나 논의의 대상이 된 적이 없었다. 따라서 신학자들은 루터가 펼친 주장의 의미를 충분히 이해할 만한 지적 능력을 가지고 있지 않았다."

로마 가톨릭의 학자들은 루터의 견해가 인간을 돌이나 기계로 만든다고 반박하며, 의지의 속박에 대한 루터의 교리에 분개했습니다. 그들은 믿음으로 말미암은 의에 대한 루터의 교리를 모든 방종과 사악함이 들어오는 입구로 간주하고 경악했습니다. 그들이 보기에 개신교의 교리는 이단의 교리만큼이나 불합리했습니다.

그들이 딛고 서 있는 기반은 단순히 교회와 교부들과 전통만이 아니었습니다. 그것은 학교와 학자들이었습니다! 이것이 바로 그들이 내건 구호였습니다. 지금까지 이 학자들이 적어도 수세기에 걸쳐 가톨릭교회의 파수꾼 역할을 감당해 왔기 때문입니다. 그들의 학식과 난해함과 궤변은 언제나 사제들과 주교들의 피난처가 되어 주었습니다. 사실 그들이 없었다면 가톨릭교회는 논리에 관한 한 완전히 무력했을 것입니다. 따라서 가톨릭교회는 권력과 협박으로 논쟁에 필요한 모든 것들을 대체하려고 획책하면서도 논쟁을 해야 할 때면 이러한 철학적인 신학자들을 불러들일 수밖에 없었습니다.

이 회의에서 도미니쿠스 수도회, 프란체스코 수도회, 카르멜 수도회는 각각 다른 주장을 펼쳤습니다.[4] 루터가 원래 속해 있던 아우구스티누스 은수자회는 루터에 대하여 더욱 맹목적으로 강경하게 비난했습니다. 그들의 대표인 세리판두스(Seripandus)는 루터와 그의 이론(異論)에 대하여 누구보다 열심히 반대했습니다.

그들은 그 주제에 대하여 연구하면서 루터를 넘어 그의 스승에게로까지 나아갈 수밖에 없었으며, 그렇게 되자 그들은 몹시 당황했습니다. 개신교도들이 그 스승에게 호소하고 있었기 때문에 그를 무시하고 넘어갈 수가 없었습니다. 그러나 그를 비판하는 데는 많은 위험이 뒤따랐습니다.

그들은 고통스럽지만 인간이 믿음으로 의롭다하심을 얻는다고 말한 사도 바울의 선포를 진리로 인정하지 않을 수 없었습니다. 그들은 "이것은 내 몸이니라"(마 26:26)라는 말씀을 엄격하게 글자 그대로 주장했습니다. 그렇다면 "믿음으로 말미암아 의롭다하심을 얻었다"(갈 3:24 참고)라는 말씀의 의미도 동일하게 글자 그대로 인정했을까요? 이 말

---

4) 역자주 – 이들은 모두 로마 가톨릭 탁발 수도회(집단적·개인적 청빈을 위해 자선을 구걸해 생활하던 수도회)에 속한 탁발수사(托鉢修士, friar)들입니다. 10대 탁발 수도회는 도미니쿠스 수도회, 프란체스코 수도회, 아우구스티누스 수도회(아우구스티누스 은수자회), 카르멜 수도회, 삼위일체 수도회, 자비 수도회, 성모 마리아의 하복회, 미니모회, 하나님의 성 요한네스 구호 기사단, 튜튼 기사단(오스트리아 지회)이 있습니다. 그중 프란체스코 수도회(Franciscan)는 13세기 초 아시시의 성 프란키스쿠스(프란체스코)가 세운 탁발 수도회입니다. 카르멜 수도회(Carmelite)는 중세에 창설된 수도회 가운데 하나로서, 여기에 속한 카르멜 산의 수사들은 초기 그리스도교도 저술가들이 수도원 제도의 창시자라고 생각한 엘리야의 생활 방식을 따르고자 했습니다. 초기의 카르멜 수도회 수사들은 은수자(隱修者)들로서 외진 암자나 오두막에서 생활하면서 자신들이 서원한 침묵·독거(獨居)·금욕·고행의 생활 원칙을 지켰습니다.

씀이 학자들의 창의력에 의해 덧붙여지거나 감춰지지 않았을까요? 또는 가톨릭교회의 권위로 그것을 부인하고 무시하지는 않았을까요? 트렌트 공의회에서는 이것들이 모두 시도되었습니다.

루터만 값없이 주어진 칭의 교리를 강조한 것은 아니었습니다. 그에게 반대하는 사람들도 그와 동일한 일을 할 만큼 현명했습니다. 그들은 그 안에서 종교개혁 전체의 뿌리이자 초석을 보았습니다. 만일 그것이 무너진다면, 가톨릭은 굳건히 서서 사람들의 양심을 이용해 그들이 하고자 하는 일들을 마음대로 할 수 있게 될 것입니다. 그러나 만일 그것이 굳건히 선다면, 가톨릭은 무너질 수밖에 없으며, 인간의 양심에 호소했던 그들의 주장은 모두 기반을 잃고 사라지고 말 것입니다. 그리고 사제들의 권력이 막을 내리고, 사람들은 하늘에 계신 주 예수 그리스도와 직접 관계를 맺게 될 것입니다. 이 세상의 거짓 대리자인 교황과 그의 사제들, 일곱 가지 성례와는 관계를 끊게 될 것입니다. 그래서 그 회의에 참석한 주교들은 "마틴 루터의 모든 오류들은 바로 그 점으로 귀결된다"라고 말하고는 다음과 같이 덧붙였습니다. "가톨릭 교리들을 정립하려면 '오직 믿음으로 말미암은 의'라는 이론을 무너뜨려야만 한다."

그러나 사도 바울이 했던 말과 루터가 한 말이 동일하지 않습니까? 그가 "일을 아니할지라도 경건하지 아니한 자를 의롭다 하시는 이를 믿는 자에게는 그의 믿음을 의로 여기시나니"(롬 4:5)라고 말하지 않았습니까? 그렇습니다. 그러나 루터의 말에 대해서는 그럴 여지가 없지만, 바울의 말에 대해서는 몇 가지 자유롭게 해석할 수 있습니다. 그것은 바울의 말을 부인하지 않으면서도 루터가 잘못되었으며, 교회의 의견과 대립되고 충돌된다는 것을 안전하게 증명합니다.

그렇다면 사도 바울의 의견은 건드리지 말고 루터의 의견을 공박해 봅시다. 루터는 다음과 같이 주장했습니다.

① 공로가 없는 믿음이라 할지라도 구원받기에 충분하며, 오직 그 믿음만이 죄인을 의롭게 할 수 있다.

② 의롭게 하는 믿음은 그리스도로 말미암아 자신의 죄가 사함을 받았음을 믿는 확실한 신뢰이다. 의롭게 된 사람은 자신의 죄가 용서받았음을 확실하게 믿어야 한다.

③ 우리는 오직 믿음으로 하나님 앞에 나타나 보일 수 있다. 그분은 우리의 공로에 관심도 없고, 그것을 요구하시지도 않는다. 오직 믿음만이 우리를 깨끗하게 한다.

④ 칭의에는 사전적인 성향 조정[5]이 필요 없다. 믿음이 우리의 성향을 조정해서 우리가 의롭게 되는 것이 아니라 그것이 하나님의 약속과 은혜를 붙잡아 받아들이게 하는 수단과 도구이기 때문에 우리가 의롭게 된다.

⑤ 구원의 통로가 될 수 있으리라고 믿는 인간의 모든 행위는, 심지어 가장 거룩한 행위마저도 모두 죄이다.

---

[5] 역자주 - 로마 가톨릭은 트렌트 공의회에서 칭의가 단계적으로 이루어진다고 하면서, 그 단계 중 하나로 믿음으로 말미암아 인간의 성향이 칭의를 받을 준비가 되도록 조정된다고 하였습니다.

⑥ 의인은 자신의 행위가 죄라는 것을 믿는 동시에 그 모든 죄가 자신에게 돌려지지 않음을 반드시 확신해야 한다.

⑦ 우리의 의는 오직 그리스도의 의가 전가된 것일 뿐이다. 그리고 의인은 계속해서 죄를 사함 받고 그리스도의 의를 전가받아야 한다.

⑧ 의롭다하심을 받은 모든 사람들은 동일한 은혜와 영광을 받는다. 그리고 모든 신자들은 가톨릭에서 말하는 성모 마리아나 다른 성인(聖人)들과 마찬가지로 귀하다.

위의 내용은 반드시 논박해야 할 루터의 일부 주장입니다. 그 주장들이 사도 바울의 교리처럼 경이롭게 보이기 때문에 더더욱 논박해야 합니다. 바울 사도가 그렇게 말했기 때문에 주교들이 "믿음이 의롭게 한다"라고 말한 것을 인정해야 합니다. 그러나 믿음이란 무엇이며 그것이 어떻게 의롭게 하는가 하는 것은 이야기하기 어려운 문제입니다.

믿음은 많은 의미를 내포하고 있습니다(어떤 사람들은 믿음에 내포된 의미가 아홉 가지라고 말하고, 또 어떤 사람들은 열다섯 가지라고 말합니다. 어떤 개신교도들 또한 이와 동일하게 말합니다). 그리고 믿음이 의롭게 한다는 것을 인정한다고 하더라도, 선한 성향이나 참회, 종교적인 행위나 성례 없이는 그렇게 될 수 없습니다. 로마 가톨릭주의자들은 이 모든 요소들을 믿음에 포함시킴으로써 쉽게 믿음을 하나의 행위로 바꿔 버렸습니다. 또는 그 요소들에 믿음과 동일한 가치를 부여함으로써 적극적으로 부인하지 않고도 믿음으로 말미암은 칭의를 무효화시켰습니다.

얼마나 천재적인 사람들인지요! 진리를 인정하고 설명한다고 공언하면서 그토록 진리를 왜곡시키다니요! 이 천재적인 사악함으로 그들은 로마 가톨릭과 그들의 종교회의에 반대했던 많은 교회들 안에서 많은 지지자를 얻었습니다.

'십자가에 못 박힌 그리스도'(고전 1:23)는 하나님께서 인간에게 보내신 메시지의 핵심입니다.

"성경대로 그리스도께서 우리 죄를 위하여 죽으시고"(고전 15:3).

이 복음을 받아들이는 것이 곧 영생입니다. 그리고 이 복음을 받아들이지 않거나 거부하는 것은 곧 영원한 죽음입니다.

"또 증거는 이것이니 하나님이 우리에게 영생을 주신 것과 이 생명이 그의 아들 안에 있는 그것이니라"(요일 5:11).

이 복음을 믿어야 영혼이 구원을 받습니다. 이 복음에 뒤따르는 약속을 믿음으로써 우리는 이 구원을 더욱 강하게 확신합니다. 우리에게 죄 사함을 확신하게 하고 하나님을 향한 선한 양심을 주는 것은 우리의 믿음에 대한 믿음이 아니라 복음을 믿는 모든 사람들에게 하나님께서 약속하신 바 영원한 생명에 대한 믿음입니다.

"주 예수를 믿으라. 그리하면 너와 네 집이 구원을 받으리라"(행 16:31).

"하나님은 나에게 누구이신가?"

이것은 진리를 갈구하는 영혼 안에서 가장 먼저 일어나는 질문입니다. 그다음 질문은 아마도 "나는 하나님께 누구인가?"일 것입니다. 이 두 질문에 불멸의 영혼이 간구하는 모든 기쁨과 생명이 달려 있을 뿐만 아니라 모든 종교가 달려 있습니다.

　만일 하나님이 나를 위하시고 내가 하나님을 위한다면 아무것도 문제 될 것이 없을 것입니다(롬 8:31 참고). 그러나 만일 하나님이 나를 위하시지 않고 내가 하나님을 위하지 않는다면 모든 것이 문제가 될 것입니다. 만일 하나님께서 나의 곁에서 나와 함께하시고 내가 그분 곁에서 그분과 함께한다면, 이 세상이나 장차 다가올 세상에서 두려울 것이 전혀 없을 것입니다. 그러나 만일 하나님이 나의 곁에서 나와 함께하시지 않고 내가 그분 곁에서 그분과 함께하지 않는다면, 두려워하는 일 외에 달리 무엇을 할 수 있겠습니까? 마치 불타는 집이나 침몰하는 배 안에 있는 것처럼 너무나 당연히 두려워할 수밖에 없습니다.

　한편 하나님이 나를 위하시는지 아닌지를 내가 알지 못할 때도 나는 결코 평안을 누릴 수 없습니다. 나의 영혼은 하나님이 나를 위하시는지에 대해 분명히 알기를 바랄 것입니다. 하나님이 나를 위하신다는 것을 반드시 알아야만 합니다. 그렇지 않으면 불안과 공포의 슬픔 속에 머물러 있을 수밖에 없습니다.

　나의 실제적인 안전에 관한 모든 문제는 결국 '하나님이 나에게 어떤 분이신가?' 하는 것에 달려 있습니다. 그리고 나의 현재의 평안에 관한 모든 문제는 '하나님이 나를 위하신다는 것을 내가 아는가?' 하는 것에 달려 있습니다. 내가 그분의 소유이고 그분이 나의 하나님이시라는 사실을 아는 것 말고는 그 어떤 것도 나의 영혼의 폭풍을 잠잠하게 할 수 없습니다.

이렇듯 하나님과 우리의 관계가 우리 안에 일어나는 첫 번째 질문입니다. 이 문제가 해결될 때까지 다른 것들은 아무것도 해결될 수 없습니다. 우리에게 이것은 모든 질문 가운데서도 가장 중요한 질문입니다. 이것과 비교한다면, 다른 모든 개인적인 질문들은 달빛처럼 희미할 뿐입니다.

  만일 사랑하는 자녀가 병에 걸려 위험한 상태에 있다면, 나는 줄곧 내 주위에 있는 모든 것들이 내 눈앞에서 사라지는 것처럼 느낄 것입니다. 아무것도 눈에 보이지 않고 아무 생각도 머릿속에 떠오르지 않은 채, 오직 이 한 가지 생각에만 몰두할 것입니다. '아이가 살아날 것인가, 죽을 것인가?' 나는 아무것도 보지 못하고 듣지 못하는 사람처럼, 그리고 아무것도 생각할 여유가 없는 사람처럼 집 안 여기저기를 마구 돌아다닐 것입니다. 아이의 상태가 좋아지는지 더 나빠지는지를 보기 위해 증상 하나하나를 주의 깊게 지켜보면서 병든 아이가 누워 있는 방을 쉴 새 없이 들락날락할 것입니다. 그리고 의사에게 희망이 있는지 없는지를 간절히 물어볼 것입니다. 나는 마치 모든 것에 무감각해진 사람처럼, 다른 때는 나의 관심과 흥미를 끌었을 것들에 아무런 관심도 기울이지 않을 것입니다. 밖에 비가 오든 눈부신 햇살이 비취든, 정원의 꽃들이 시들든 흐드러지게 피든, 내가 돈을 잃든 벌든, 나의 사랑하는 아이가 살아날지 영영 깨어나지 못할지를 확실히 알 수 없다면 그런 것들이 나에게 무슨 의미가 있겠습니까?

  만일 내 아이의 건강에 관해 확신하는 것이 나에게 매우 중요하고,

그것이 나의 마음을 온통 사로잡아 다른 모든 것들을 완전히 잊어버리도록 만들었다고 합시다. 아, 그렇다면 실로 불멸하는 나의 영혼이 영원한 생명에 이르게 될 것인가, 아니면 영원한 죽음에 이르게 될 것인가 하는 문제가 아직 해결되지 않은 채로 남아 있다면, 그 문제가 얼마나 나의 마음을 사로잡겠습니까? 나는 나의 아이가 죽을 고비를 넘겼는지 아닌지를 반드시 알아야 합니다. 그것을 알기 전까지는 나는 결코 편안히 쉴 수 없습니다. 마찬가지로 나는 나의 영혼이 사망의 위험에서 벗어났는지 아닌지를 반드시 알아야 합니다. 그것을 알기 전까지 내 영혼은 결코 잠잠할 수 없습니다.

영혼의 문제와 관련된 불안과 긴장이란 참으로 끔찍하고도 잔혹합니다. 나의 두 눈이 영원한 위험에 온전히 눈을 뜨게 된다면, 그것은 결코 견딜 수 없는 엄청난 고통으로 다가올 것입니다. 우리가 사망의 위험에서 벗어났는지 아닌지를 알지 못하는 것은 틀림없이 영혼이 평안을 누리는 데 사망의 위험 그 자체만큼이나 치명적일 것입니다. 때때로 일시적인 재난에 대한 긴장과 불안감도 하룻밤 사이에 젊은이의 선홍빛 뺨을 시들게 만들고 윤기 나는 싱그러운 머리카락을 푸석푸석한 잿빛 머리카락으로 바꾸어 버립니다. 잠깐의 불확실함이 그 일시적인 두려움으로 그토록 엄청나게 파괴하고 황폐하게 만든다면, 영원한 불확실함은 얼마나 덧없는 바람처럼 우리에게 덮쳐 오겠습니까?

영원에 관한 모든 위대한 것들 중에서 오직 확신만이 요동하는 우리의 마음을 잠잠하게 할 수 있습니다. 확신만이 우리의 두려움을 진정시킬 수 있고, 매시간 엄습해 오는 덜 중요한 수많은 의문들로부터 우리를 자유롭게 할 수 있습니다. 불확실함이 그의 영원한 미래에 드리워져 있고, 그의 영혼과 하나님 사이에 그토록 위대한 질문이 여전히 해결되지 않은 채 남아 있는데도 계속해서 덜 중요한 것들에 머물러 있으려는 사람은, 분명 마음이 너무나 단단하고 강퍅하거나 철저하게 버림받은 사람일 것입니다.

이러한 불확실함에 머무르려는 사람은 짐을 지고 지친 채로 살아갈 수밖에 없습니다. 이러한 불확실함에 만족하는 사람은 비참하고 위험한 상태에도 만족합니다. 이러한 불확실함을 옳은 것으로 여기며 붙잡으려는 사람은, 하나님의 자녀요 성도라는 이름을 흉내조차 낼 수 없습니다. 그런 불확실함 속에는 하나님의 자녀 또는 성도와 닮은 특징이 하나도 없습니다. '양자의 영을 받았으므로 우리가 아빠, 아버지라고 부르짖을'(롬 8:15 참고) 만한 것이 하나도 없습니다. 하나님의 사랑하시는 아들의 자녀 된 영과 비슷한 것조차 찾아볼 수 없습니다.

이러한 불확실함에 계속 머무르려는 사람은 자기 영혼을 파괴하는 사람입니다. 그리고 다른 사람들을 이러한 불확실함에 붙잡아 두려는 사람은 영혼을 죽이는 사람입니다. 하나님과의 화목과 관계에 대하여 아무것도 알지 못하면서도 평안하려고 온갖 노력을 기울이는 사람은 분명히 불신자라고 말할 수밖에 없습니다. 그리고 다른 사람들을 이것을 알지 못한 채 평안 가운데 거하도록 이끄는 사람은 더욱 비참한 존재입니다. 만일 불신자보다 더 나쁜 상태에 처할 수 있다면, 그가 바로 그런 사람일 것입니다.

신자라고 고백하는 많은 사람들 중에도 이 사실을 알지 못하는 사람들이 많다는 것은 참으로 가슴 아픈 일입니다. 이런 사실을 애통해하는 대신 그것을 오히려 자랑거리로 삼는 사람들이 있다는 것은 더욱 가슴 아프고 고통스러운 일입니다. 단순히 다른 사람들에게 동조하기 위해 자신의 불확실함을 선포하는 사람들이 있다는 것은 그 모든 것 중에서도 가장 고통스럽고 가슴 아픈 일입니다.

이와 같이 구원의 확신에 관한 몇 가지 질문들은 "하나님과 우리의 관계에 대하여 알고 있는가?" 하는 질문으로 귀결됩니다. 선택과 성도의 견인을 부인하는 알미니안주의자에게는 우리가 지금 하나님과 누리는 화목에 대해 아는 것이 궁극적인 구원의 확신을 가져다 주지 못합니다. 그들에 따르면, 우리는 오늘 하나님과 화해하였다고 할지라도 내일 그 관계가 깨질 수도 있다고 믿는 존재들입니다. 반면 칼빈주의자에게는 그러한 단절이 결코 없습니다. 하나님과 일단 화해 관계가 성립되었다면, 그 화목은 영원합니다. 그리고 자녀와 아버지의 관계에 대하여 아는 지식이 바로 지금 영원한 구원에 대한 확신이 됩니다. 택하시는 하나님의 사랑으로부터 분리되어서는 결코 확신을 얻을 수 없습니다. 그것은 절대 불가능한 일입니다.

본성적으로 우리에게는 평강이 없습니다.

"여호와께서 말씀하시되 악인에게는 평강이 없다 하셨느니라"(사 48:22).

인간은 끊임없이 평강을 갈망합니다. 그리고 하나님께서는 우리를 위해 평강을 만드시고, 우리에게 그것을 선물로 주십니다. 그런데 평강을 누리지 못하도록 방해하는 원인들이 많이 있습니다. 그리고 죄가 바로 그 모든 원인들의 근원입니다. 그러므로 죄 사함을 받지 못한 곳에는 평강이 있을 수 없습니다. 물론 죄 아래 있는 다른 원인들도 많습니다. 공허한 영혼, 실망, 상처받은 마음, 세속적인 상실감, 사별의 상처, 분함, 걱정, 영혼의 곤고함, 좌절된 소망, 친구의 배신, 우리의 실수와 실패, 다른 사람의 잘못된 행동과 불친절함들이 마음의 평강을 깨뜨립니다. 이런 것들은 인생의 바다에 거친 물결을 일으키는 바람과도 같습니다.

평강을 얻기 위해 인간은 열심히 노력하고 많은 장치들을 사용합니다. 인간의 삶은 이런 것들로 가득 차 있습니다. 인간은 날마다 "나에게 평강을 주십시오!"라고 부르짖습니다. 인간은 다음과 같은 방법으로 평강을 얻으려고 몸부림칩니다.

첫째, 인간은 하나님을 잊어버림으로써 평강을 찾고자 합니다. 하나님을 기억하는 것은 죄인의 마음을 괴롭힙니다. 그가 하나님과 먼 거리를 유지할 수 있다면, 그의 불안감을 상당히 떨쳐 낼 수 있을 것입니다. 그래서 죄인은 하나님을 자신의 생각과 마음과 이성과 양심으로부터 밀어내려고 애씁니다. 그러나 죄인이 비록 그렇게 하는 데 성공한다고 하더라도 그것이 그에게 무슨 유익이 되겠습니까? 그것은 '지옥으로 향하는' 많은 사람들 속으로 그를 더욱 확실하게 밀어 넣을 뿐입니다. 그들은 모두 하나님을 잊고 있습니다. 하나님을 잊는 것이 영혼에게 무슨 유익을 줄 수 있겠습니까? 하나님을 우리의 생각으로부터 밀어내는 것이 무슨 유익이 있겠습니까?

둘째, 인간은 평강을 얻고자 세상을 따라가기도 합니다. 인간의 마음은 반드시 이것 아니면 저것으로 채워져야 합니다. 그래서 인간은 자신의 갈망과 가장 일치하고 그 갈망을 가장 만족시켜 줄 것 같은 세상으로 갑니다. 그러고는 즐거움, 쾌락, 사업, 어리석은 일, 유행, 돈, 친구들을 추구합니다. 그러나 모두 헛될 뿐입니다. 그것들을 통해서는 결코 평강이 오지 않습니다.

셋째, 인간은 평강을 얻고자 열심히 일하고 자신을 부인합니다. 인간은 자신의 악한 행위나 자신이 행하지 못한 선한 행위 때문에 괴로워하며 양심에 평강을 누리지 못합니다. 그래서 죄인은 자기 안에 있는 악을 떨쳐 버리고 자기 안에 없는 선한 것들을 들여오려고 노력하면서 불안을 제거하려고 합니다. 그러나 아무리 열심히 노력할지라도 그것들은 모두 헛되고 부질없는 일입니다. 그런 노력으로는 양심을 만족시킬 수 없으며, 죄 사함에 대한 확신을 얻을 수도 없습니다. 어떤 평강도 우리 마음속에 깃들 수 없습니다.

넷째, 인간은 매우 종교적인 사람이 됨으로써 평강을 얻고자 합니다. 죄인은 진정한 신앙이 평강을 얻기 위한 수단이나 대가가 아니라 이미 발견한 평강의 열매이자 결과라는 것을 알지 못합니다. 그가 아침부터 밤 늦게까지 무릎을 꿇고 기도할지도 모릅니다. 또 오랫동안 금식하며 밤을 새워 기도하거나 육신과 영혼이 모두 지칠 때까지 고행함으로써 깨달음을 얻고자 할지도 모릅니다. 그러나 그 모든 노력은 다 헛되고 부질없습니다. 평강은 이전보다도 더 멀리 있습니다.

인간은 평강을 원합니다. 그러나 하나님의 방법이 아니라 자신의 방법으로 그것을 얻으려고 합니다. 그는 안식처가 있으리라고 생각합니다. 그러나 그는 "다 내게로 오라. 내가 너희를 쉬게 하리라"(마 11:28)[6]라고 말하는 값없는 사랑을 그냥 지나쳐 버립니다.

그렇다면 십자가의 평강은 과연 무엇이며 그것이 우리에게 어떤 유익을 주는지 생각해 봅시다.

먼저 십자가의 평강이 무엇입니까?

그것은 바로 양심의 평강입니다. 그것은 하나님과의 평강이자 하나님의 율법과의 평강이며, 하나님의 거룩하심과의 평강입니다. 그것은 화목이며, 친구의 관계를 맺는 것이며, 친밀히 교제하는 관계가 되는 것입니다. 이 모든 것은 앞으로의 불화나 소원(疏遠)함이나 심판에 대한 두려움뿐만 아니라 그렇게 될 가능성을 잠재워 줍니다. 왜냐하면 그것이 단순한 평강이 아니라 십자가의 평강이기 때문입니다. 그것이 십

---

[6] "나는 하나님의 증언에 대한 이 말씀들을 믿습니다. 나의 양심은 이 말씀이 진리라고 말합니다. 그것은 선한 양심입니다. 그것은 하나님과 뜻을 같이합니다. 그리고 온전히 화목한 자로서 그분을 바라봅니다. 선한 양심은 그리스도의 의와 대속의 무한한 가치가 나에게 값없이 주어졌는데도, 그리고 나에게 그것들이 필요함을 발견하고 그것들을 전적으로 의지하고 있는데도 가치를 의심하거나 그것들이 나의 소유임을 의심함으로써 그리스도를 만홀히 여길까 봐 두려워합니다. 그래서 선한 양심은 언제나 하나님의 평강의 인도와 다스림을 받습니다. 그것은 공급하심이 항상 동일하고 예수님의 의와 대속이 항상 동일하며, 나에게 그것이 필요함도 항상 동일하고 그것에 대한 나의 관심도 항상 동일하기 때문입니다. 나는 날마다 사방에서 오는 모든 타락과 원수와 유혹에 대하여 모든 방법으로 평강을 유지하는 법을 배웁니다."_어느 옛 작가

자가에서 비롯된 평강이며, 십자가에서 드러나고 십자가가 이룬 것을 기초로 하며 거기에서 비롯된 평강이기 때문입니다.

그것은 용서를 기반으로 하는, '정죄함이 없는'(롬 8:1 참고) 평강입니다. 그것은 우리가 평강을 이룬 갈보리의 역사를 아는 데서 비롯된 평강입니다. 그것은 진정한 평강이자 확실한 평강이요 현재의 평강이며, 의로운 평강이자 거룩한 평강이요 천국의 평강이며, 하나님의 평강이자 그리스도의 평강이요 온전한 평강이며, 전 인격을 사로잡는 평강입니다.

다음으로 이 평강은 인간에게 어떤 유익을 줍니까?

첫째, 그것은 우리의 폭풍우를 잠잠하게 합니다. 우리 안에는 끊임없이 폭풍이 일어나고 있습니다. 죄 사함 받지 않은 영혼 안에서 일어나는 폭풍은 그 무엇보다도 두렵습니다. 회오리바람과 지진과 돌풍과 번개와 으르렁대는 사나운 파도, 이것들은 모두 인간의 마음을 상징합니다. 그러나 평강이 찾아오면 모두 고요해집니다. 가장 위대한 평강의 왕이 찾아오시면 그곳에는 가장 잠잠한 고요함이 임합니다. 하나님이 베푸시는 거룩한 용서가 바로 안식을 전하는 사자(使者)입니다.

둘째, 그것은 우리의 짐을 없애 줍니다. 죄인에게 가장 무거운 짐은 분명히 하나님에 대한 두려움이요, 그분과의 화목을 확신하지 못하는 것이며, 영원한 미래에 대한 불확실함일 것입니다. 그런데 하나님과의 평강은 이 모든 것들에 마침표를 찍습니다. 십자가를 보기만 하면 우리는 그 짐에서 벗어날 수 있습니다. 죄를 지고 가시는 분과 연결되기만

하면 우리는 이 모든 짐을 다시는 지지 않을 것임을 확신하게 됩니다.

셋째, 그것은 우리의 속박을 깨뜨립니다. 죄의 사슬은 날카롭고 무겁습니다. 그것이 우리의 영적인 본성을 잠식하는 병이기 때문만이 아니라, 의로우신 재판장 앞에서 반드시 그 대가를 치루어야 하는 것이기 때문입니다. 사함 받지 못한 죄는 감옥이며 족쇄입니다. 한편 죄 사함은 평강과 더불어 찾아옵니다. 그 평강과 함께 모든 사슬이 깨집니다. 우리가 갇힌 감옥의 문이 활짝 열리고, 이제 우리는 자유롭게 걸어 나갈 수 있습니다.

넷째, 그것은 우리가 전쟁터에서 싸울 수 있도록 힘을 줍니다. 우리는 평강이 없이는 싸울 수 없습니다. 평강이 없다면, 우리의 손이 힘없이 늘어져 무기를 떨어뜨리고 말 것입니다. 그리고 우리의 용기가 어디론가 사라져 버릴 것입니다. 하나님께서 우리의 적이 되시는 한, 하나님이 우리의 친구인지를 알지 못하는 한, 우리에게는 아무런 능력도 없을 수밖에 없습니다. 우리에게는 용기도, 소망도 없을 수밖에 없습니다. 그러나 화목이 임하고 하나님이 확실히 우리의 친구가 되시면, 그때 우리는 강해집니다. 싸울 힘과 용기를 얻습니다. 두려움 없이 전쟁터에 나갈 수 있습니다. 우리의 마음이 소망으로 충만해집니다.

"만일 하나님이 우리를 위하시면 누가 우리를 대적하리요?"(롬 8:31)

다섯째, 그것은 시험과 고난 속에서 우리에게 힘을 줍니다. 슬픔이 우리를 덮쳐 올 때 우리 안에 있는 하나님의 평강은 우리에게 가장 큰 위로가 됩니다. 이 진정한 등불이 빛을 발하면, 우리는 어둠 속에서도 크게 요동하지 않습니다. 하나님과 더불어 누리는 평강은 폭풍 가운데서 만나는 항구이며, 힘든 때에도 견고한 우리의 망대입니다. 그것은 우리의 마음을 위로하며, 우리의 눈물을 닦아 줍니다. 그리하여 우리는 고통과 시련을 빛이라고 부르는 법을 배웁니다. 그리고 그것이 우리를 위해 그 무엇보다 뛰어나고도 영원한 영광의 무게로 역사한다는 사실을 발견하게 됩니다.

나의 영혼이 평강 가운데 있습니까? 만일 그렇다면 그 평강은 어디에서 왔습니까? 만일 그렇지 않다면 그 이유는 무엇입니까? 그리스도께서 "내가 너희를 쉬게 하리라"(마 11:28)라고 말씀하셨는데도 여전히 나의 마음에 불안과 근심이 필요합니까?

나는 복음에서 만족을 얻습니까? 나의 마음이 그리스도 한 분만으로 만족합니까? 나의 양심이 그분께서 행하신 일로 만족합니까? 만일 그렇지 않다면 그 이유는 무엇입니까? 내가 그리스도와 그리스도께서 행하신 일에 대하여 고민하게 되는 이유는 무엇입니까? 나는 그 일에 무엇인가를 더하거나 **빼려고** 하지 않습니까? 지금 이 순간 정확히 그리스도와 그분의 사역이 나를 위한 것이 아닙니까? 그것이 정확히 나에게 필요한 모든 평강과 안식을 담고 있지 않습니까? 그리고 지금 이 순간 내가 거기에 정확히 부합하는 사람이 아닙니까? 변하거나 지체하지 않고 나에게 모든 것을 온전하고도 충분히 제공하고 있지 않습니까?

십자가 위에서 성취되고 그곳에서 나에게 값없이 제시된 대속과 의가 나의 상황을 온전히 만족시킵니다. 그것들은 나의 마음과 양심의 불안과 근심을 없앨 수 있는 모든 것을 나에게 제공합니다. 그것은 죄인에게 값없이 베풀어진 하나님의 사랑을 드러내며, 그 사랑이 흘러오는 것을 막는 모든 장애물들을 제거하는 모든 것을 제공합니다. 그것은 찢어진 휘장(마 27:51 참고)과 열린 길을, 은혜로운 환대와 풍성한 음식을, 그리고 영원한 생명을 큰 소리로 선포합니다.

평강이 우리를 구원하지는 않습니다. 그것은 구원받은 영혼이 받는 분깃입니다. 확신이 우리를 구원하지는 않습니다. 확신이 구원에 반드시 필요하다고 말하는 것은 분명한 오류입니다. 우리가 자신의 구원을 믿음으로써, 혹은 우리 자신에 관한 어떤 것을 믿음으로써 구원받는 것이 아니기 때문입니다. 우리는 하나님의 아들과 그분의 의를 믿음으로 말미암아 구원을 얻습니다. 우리가 믿는 '복음'이 우리를 구원하는 것이지, 우리 자신의 믿음을 믿는 믿음이 우리를 구원하는 것이 결코 아닙니다. 그렇지만 확신이 모든 믿는 죄인에게 분깃으로 주어졌음을 기억하십시오. 구원의 확신은 자신이 반드시 구원받아야 한다는 것을 알 뿐만 아니라 자신이 구원받았다는 것을 아는 것입니다. 그리고 그 결과 모든 두려움과 속박과 마음의 짐으로부터 해방된다는 것을 아는 것입니다.

10장
의롭다하심을 얻은 자의 거룩한 삶

사도 바울은 우리가 하나님 앞에서 의롭다하심을 받는 방법에 대해 말하면서 "일을 아니할지라도 경건하지 아니한 자를 의롭다 하시는 이를 믿는 자에게는"(롬 4:5)이라고 말합니다.

여기서 바울이 선한 행위가 중요하지 않다고 말하는 것일까요? 거룩하지 않은 삶을 살라고 사람들을 부추기는 것일까요? 차라리 하지 않았더라면 더 좋았을 말을 분별없이 아무렇게나 내뱉는 것일까요?

결코 그렇지 않습니다. 바울은 선한 행위의 기초를 놓고 있습니다. 그는 거룩한 삶을 사는 데 커다란 장애가 되는 것, 즉 죄 사함을 받지 못한 상태의 속박을 제거하고 있습니다. 바울은 성령의 능력으로 '참되고 온전한 말'(행 26:25)을 하고 있습니다. 하나님은 우리가 일하는 것(행위)과 믿는 것을 혼동하여 그 둘을 모두 망치지 않도록 그 둘의 차이를 가르치고자 하십니다. 사도 바울은 여기서 많은 사람들이 일하는 것과 믿는 것을 뒤섞거나, 일하는 것을 믿는 것의 결과로 여기는 것이 아니라 오히려 믿는 것을 일하는 것의 결과로 만드는 오류를 범할 것을 예상하고, 그 둘의 질서와 관계를 매우 분명하게 제시합니다.

우리가 일하는 것과 믿는 것을 주의 깊게 연결하듯이, 또한 우리는 그 둘을 주의 깊게 구별합니다. 우리는 하나님이 결합시키신 것을 분리하지 않으며, 그분이 정해 놓으신 질서를 뒤바꾸지도 않을 것입니다. 우리는 하나님이 정해 놓으신 관계를 왜곡하지도 않을 것이고, 그분이 맨 앞에 두신 것을 맨 끝에 두지도 않을 것입니다.

사도 바울은 이렇게 말합니다.

"일을 아니할지라도 경건하지 아니한 자를 의롭다 하시는 이를 믿는 자"(롬 4:5).

"사람이 의롭다하심을 얻는 것은 율법의 행위에 있지 않고 믿음으로 되는 줄 우리가 인정하노라"(롬 3:28).

"일한 것이 없이 하나님께 의로 여기심을 받는 사람"(롬 4:6).

이 말씀들에서 바울은 선한 행위를 경시하거나 그에 대한 열심을 꺾으려고 한 것이 결코 아니었습니다. 그는 단지 서로 다른 그 둘을 구별하려고 하였습니다. 그는 의롭다하심을 위하여 다른 이가 행한 일과 우리를 연결하는 데 믿음이 진정 어떻게 사용되는지를 보여 주고자 하였습니다. 그리하여 우리가 의롭다하심을 얻기 위해 무언가를 행하려고 시도하는 것을 막고자 하였습니다.

이런 관점에서 믿음은 일하는 것을 그만두는 것이며, 일하지 않는 것입니다. 그것은 의롭다하심을 얻기 위하여 무언가를 행하는 것이 아니라 '허물이 그치며 죄가 끝나게'(단 9:24 참고) 하신 분의 의롭게 하시는 역사를 단순히 받아들이는 것입니다. 단 한 번의 의롭게 하는 역사가 1800년 전에[1] 성취되었습니다. 그러므로 우리가 이것을 반복하거나 모방하려고 해서는 안 됩니다. 그런 시도는 모두 헛될 뿐입니다. 십자가만으로 충분합니다.

　또한 사도는 선한 행위의 가치를 낮게 평가하려 하지 않았습니다. 그것은 많은 유대인들이 "우리가 어떻게 하여야 하나님의 일을 하오리이까?"(요 6:28)라고 질문할 때 유일하게 제시하신 바 "하나님께서 보내신 이를 '믿는 것'이 하나님의 일이니라"(요 6:29)라는 대답을 낮게 평가하려는 것도 결코 아니었습니다. 사람들은 하나님의 은혜를 얻기 위하여 나름대로의 방식으로 일하려고 했습니다. 그러나 하나님은 그들이 독생자에 대한 자신의 증언을 당장 받아들이기만 하면 기다리거나 일하지 않고도 즉시 은혜를 받을 수 있다고 말씀하십니다. 그 전에는 그들은 결코 일할 수 있는 조건을 갖출 수 없습니다. 그들은 뿌리 없는 나무와 같고, 아무리 규칙적으로 우주를 운행한다 하더라도 빛을 발하지 못하면 아무 소용 없는 별과 같습니다.

　어둠 속을 손으로 더듬으며 헤매는 상한 심령에게 "일하기 전에 먼저

---

[1] 역자주 – 저자가 살았던 연대(1808-1887)를 기준으로 하여 그리스도께서 십자가의 구속 사역을 이루신 때로 거슬러 올라간 것입니다.

믿어야 한다"라고 말하는 것은 경건하지 않고 방종하게 살도록 부추기는 것이 아닙니다. 그것은 마치 감옥에 갇힌 병사에게 "싸우기 위해서는 먼저 감옥에서 나와야 한다"라고 말하는 것과 같으며, 헤엄을 치려는 사람에게 "헤엄을 치기 위해서는 먼저 목에 매고 있는 맷돌을 벗어 던져야 한다"라고 말하는 것과 같습니다. 또한 달리는 사람에게 "달리기 위해서는 먼저 다리에 채워진 족쇄를 풀어야 한다"라고 말하는 것과 같습니다.

그런데 사도의 이런 표현들은 종종 사용이 제한되었습니다. 아주 많은 부분들이 희석되거나, 또는 있는 그대로 말하면 차라리 인용하지 않는 편이 더 낫다고 여겨질 만큼 위험하고 두려운 것으로 간주되며 경계의 말로 인용되었습니다. 그 표현들을 되도록 인용하지 않는 편을 선호했습니다. 그러나 이 표현들이 정말 위험한 것이라면, 그리고 18세기 전에 그토록 대담하게 기록된 이 표현들이 지금은 두려움 없이 선포되어서는 안 되는 것이라면, 왜 그때에는 그토록 담대하게 선포될 수 있었다는 말입니까? 성령께서 몇몇 사람들이 생각하듯이 그토록 '부주의하고 경솔한' 선포를 허락하신 의도가 무엇이겠습니까? 사도가 결국 아무것도 아닌 헛된 것을 그토록 담대하게 선포했다는 것입니까? 결코 그렇지 않습니다.

연약하고 미약한 선포로는 목적을 온전히 이루지 못했을 것입니다. 영광스러운 복음을 받아들이는 것에 관한 중대한 의문을 해결하기 위해서는, 상한 심령을 위로하고 죽은 행위를 깨끗이 제거하는 동시에 행위의 제자리를 찾아 주기 위해서는 이처럼 강력하고도 담대한 선포가 필요했습니다.

때때로 루터의 진술 가운데 일부는 너무나 파격적으로 보이기도 합니다. 그러나 그 강렬함이 그가 죄인을 의롭게 하는 사역으로부터 행위를 절대적이고도 단호하게 배제하기 위하여 행위에 대해 언급해야 할 필요성을 얼마나 절실하게 느끼고 있었는지를 보여 줍니다. 그는 가톨릭이 행위와 믿음을 한데 섞어 놓음으로써 인간의 양심을 고통과 두려움으로 몰고 가는 것을, 그리고 진정 '영혼의 도살장'이 되는 것을 보았으며, 또한 그것을 증명하려고 했습니다.

우리는 다른 이의 의 안에 서 있습니다. 다른 이의 의로 말미암아 우리가 의롭게 되었습니다. 우리의 불의에 근거한 고소와 참소들이 있습니다. 이 모든 고소와 참소에 대하여 우리는 머리에서부터 발끝까지 우리를 덮고 있는 온전한 의를 제시합니다. 진노로부터 우리를 보호하는 방패가 되어 주고 율법의 공격으로부터 우리를 지켜 주는 온전한 의를 제시합니다. 이 온전함이 우리를 보호하기 때문에 우리는 지금이나 앞으로나 진노를 전혀 두려워하지 않습니다. 그것은 우리에게 손 방패와도 같습니다. 우리는 이렇게 외칩니다.

"우리 방패이신 하나님이여, 주께서 기름 부으신 자의 얼굴을 살펴보옵소서"(시 84:9).

이는 마치 다음과 같이 말하는 것과 같습니다.

"저를 보지 마시옵고 저의 대속자를 보옵소서. 죄에 대하여 저와 상관하지 마시옵고 저의 죄를 지고 가신 분과 상관하옵소서. 저의 죄에 대하여 저에게 묻지 마시옵고 그분에게 물으소서. 그분이 저를 대신하여 답하실 것입니다."

그러므로 우리는 그분의 의의 방패 아래에서 안전합니다. 어떤 화살이라도, 그것이 적이 쏜 것이든 양심이 쏜 것이든 결코 우리에게 도달할 수 없습니다.

우리는 이 온전함에 덮여 평강 속에 거할 수 있습니다. 원수는 절대 우리를 칠 수 없습니다. 원수가 아무리 우리를 치려고 할지라도 우리는 그를 물리치고 승리할 것입니다. 우리에게 그 온전한 의는 '광풍을 피하는 곳, 폭우를 가리는 곳 같을 것이며, 마른땅에 냇물 같을 것이며, 곤비한 땅에 큰 바위 그늘 같을'(사 32:2 참고) 것입니다. 의의 일은 평강입니다. 주님 안에서 우리는 의와 힘을 얻습니다.

하나님의 온전함으로 아름답게 옷 입은 우리는 그분 앞에서 은혜를 얻습니다. 하나님의 눈은 그가 우리에게 덧입히신 아름다움에 머뭅니다. 하나님은 맨 처음 세상을 창조하셨을 때처럼 지금도 거룩한 하나님의 위대한 옷을 입은 우리를 보시면서 "심히 좋다"(창 1:31 참고)라고 선포하십니다.

"야곱의 허물을 보지 아니하시며 이스라엘의 반역을 보지 아니하시는도다"(민 23:21).

"그날 그때에는 이스라엘의 죄악을 찾을지라도 없겠고 유다의 죄를 찾을지라도 찾아내지 못하리니"(렘 50:20).

이 의는 모든 것을 덮고 위로하며 아름답게 하기에 충분합니다.[2]

그런데 거기에는 그 이상의 것이 있습니다. 우리는 거룩하게 되기 위해 의롭다하심을 받았습니다. 이 법적인 의를 소유하는 것은 거룩한 삶의 시작입니다. 우리가 의롭다하심을 받기 위하여 거룩한 삶을 사는 것이 아닙니다. 우리는 거룩한 삶을 살기 위하여 의롭다하심을 받습니다.

우리가 두려움이나 어둠이나 속박이나 자기 의에 기반을 둔 수고와 고행 등 거의 모든 경우에 인간이 거룩이라고 부르는 것들을 발견할지도 모릅니다. 그러나 하나님께서 거룩이라고 부르시는 것은 오직 자유와 빛, 죄 사함과 하나님과의 화평이라는 조건에서만 이뤄지고 자라날 수 있습니다. 죄 사함은 거룩함의 주된 동기입니다. 사랑은 율법보다 훨씬 더 강한 동기입니다. 그것은 진노에 대한 두려움이나 지옥에 대한 공포보다 훨씬 더 강력한 힘을 가지고 있습니다. 두려움은 인간을 노예처럼 움츠러들게 만들며, 더 악하고 힘든 일을 당하지 않기 위해 혹독

---

[2] 우리가 '당신의 이름을 위하여' 혹은 '그리스도를 위하여'라고 말할 때마다 우리는 다른 이의 권리와 공로를 사용하고 있는 것이며, 전가된 의에 대한 교리 전체를 인정하고 받아들이는 것입니다. 모든 인간은 날마다 어떤 식으로든 자신이 받을 자격이 없는 것을 얻으려고 노력합니다. 아들이 아버지로부터 유산을 물려받는 것은 자신에게 속하지 않았던 것을 받는 것이며, 다른 이에게 양도될 수 있는 것을 쉽게 법적으로 받는 것입니다. 만일 아들이 아닌 다른 사람이 유언에 의해 토지를 받게 된다면, 그는 단순히 법적 증서를 통해 자신이 주장할 권리가 없는 것을 받는 것입니다. 인간의 법률 체계는 이러한 양도를 가상의 것이나 불합리한 것으로 보지 않고, 가능하고 합당한 것으로 인정합니다. 인간은 단순히 다른 사람이 그것을 유언으로 정하고 법이 그 유언을 인정한다는 이유로, 자기가 받을 권리가 없는 것을 얻을 때 일상적으로 이러한 원칙들을 따릅니다. 그렇다면 그와 동일한 원리를 따르는 영적인 복에 대해서는 왜 가상의 양도라고 말합니까? 무엇 때문에 다른 이의 뜻에 따라 자신이 죄 사함을 받고 다른 이의 권리로 자기에게 죄 사함이 보장된다는 하나님의 법과 법적 절차를 부인해야 합니까? 세상의 법이 세상의 것에 대하여 적용될 수 있다면, 하늘의 법이 하늘의 것에 대해서 적용되지 못할 이유가 어디 있습니까?

한 주인에게 순종하도록 만듭니다. 그러나 오직 용서하는 사랑에 대한 지각은, 영혼에게는 기쁨이 되고 하나님께는 받으실 만한 것이 되는 마음과 양심의 순종을 이끌어 냅니다.

잘못된 신앙을 고백하는 사람들뿐만 아니라 진리를 고백하는 사람들에게까지도 매우 일반적으로 거룩에 대한 잘못된 생각이 퍼져 있습니다. 인간은 본성적으로 거룩의 개념을 이해할 수 없기 때문입니다. 앞을 보지 못하는 사람이 꽃의 아름다움이나 태양의 빛을 이해할 수 없는 것과 같습니다. 모든 잘못된 종교에는 그들 나름대로의 '거룩한 사람들'이 있습니다. 그들은 종종 자기 몸에 엄청난 고통을 가하거나 금식하고 고역을 감당함으로써 거룩함을 이루고자 합니다.

그러나 하나님께서 인정하시는 성도나 거룩한 사람이라는 개념은 그와는 매우 다릅니다. 진정한 거룩은, '하나님께 온 마음을 바치는 자녀'로서의 사랑에 있습니다. 이것은 죄인이 죄 사함을 발견하고 자유를 맛보며 하나님을 향한 확신을 얻기 전까지는 결코 시작될 수 없습니다. 거룩의 영은 속박의 영과는 함께할 수 없습니다. 거룩에는 반드시 자유의 영, 하나님을 "아빠, 아버지"라고 부를 수 있는 양자의 영이 있어야 합니다(롬 8:15 참고).

거룩의 샘이 인간의 마음으로부터 솟아 나와 변화시키고 정결하게 하는 능력으로 그의 모든 것을 채우기 시작할 때, "하나님이 우리를 사랑하시는 사랑을 우리가 알고 믿었노니"(요일 4:16)라는 말씀이 이 땅에서 시작되어 영원토록 계속될 거룩한 노래의 첫 소절이 될 것입니다.

우리는 그리스도 예수 안에서 새로운 피조물이 되게 하려고 하나님이 값 주고 사신 자들입니다. 우리는 우리를 용서하신 그분과 같은 자가 되기 위하여 죄 사함을 받았습니다. 우리는 거룩해지기 위하여 자유롭게 되고 감옥에서 풀려났습니다. 우리에게 한량없이 부어진 하나님의 값없고도 무한한 사랑은 우리의 전 존재를 한없이 넓히고 높여 줍니다. 우리가 하나님의 은혜를 얻기 위해서 그분을 섬기는 것이 아닙니다. 우리는 그분의 아들에 대한 기록을 단순히 믿음으로써 이미 은혜를 얻었기 때문에 그분을 섬깁니다. 뿌리가 거룩하면 가지도 거룩합니다. 우리는 거룩한 뿌리와 연결되어 있습니다. 따라서 우리는 거룩한 자가 될 수밖에 없습니다.

 죄 사함은 어떠한 율법도 약화시키지 않으며, 가장 높은 수준의 정의에도 저촉되지 않습니다. 인간이 베푸는 용서는 종종 정의와 어긋납니다. 그러나 하나님의 용서하심은 결코 그렇지 않습니다. 죄 사함은 우리를 거룩한 삶에 더욱 견고하게 묶어 줍니다. 우리는 철이 아니라 금으로 묶여 있습니다. 그것은 우리에게 쉽고 가벼운 멍에를 지게 하려고 모든 무거운 멍에를 벗겨 냅니다.

 사랑은 율법보다 강합니다. 사랑으로부터 나오는 우리의 순종에 관한 것은 무엇이든 율법으로 인한 순종에 관한 것보다 훨씬 더 영향력 있습니다. 우리를 향한 하나님의 사랑과 하나님을 향한 우리의 사랑은 우리 안에 거룩을 낳기 위하여 함께 일합니다. 두려움은 진정한 순종을 낳지 못합니다. 긴장과 불안은 거룩에 이르는 어떤 열매도 맺지 못하니다. 오직 사랑에 대한 확신, 즉 용서하시는 사랑에 대한 확신만이 이런 일을 할 수 있습니다. 오직 이 확신만이 마음을 녹이고 사슬을 풀어 주며, 우리의 어깨에서 무거운 짐을 벗겨 곧게 서게 하고, 우리로 하여금 하나님의 거룩한 명령을 행하는 길로 달려가게 만듭니다.

심판은 죄와 우리를 하나로 묶습니다. 그러나 죄 사함은 이 두려운 끈을 풀고, 우리를 죄와 분리시킵니다. 율법이 지닌 심판의 권세는 그 끈을 더욱 강하고 두렵게 만듭니다. 그러나 이 심판의 능력을 깨뜨려 부수십시오. 그리하면 자유롭게 된 영혼이 사랑의 나라로 날아오를 것입니다. 그 영혼은 거기에서 율법을 지킬 수 있는 의지와 힘을 모두 발견할 것입니다.

율법은 오래된 동시에 새롭습니다. 율법은 그 내용의 면에서는 오래되었습니다.

"네 마음을 다하고 목숨을 다하고 뜻을 다하고 힘을 다하여 주 너의 하나님을 사랑하라"(막 12:30).

그리고 그 형식과 동기의 면에서는 새롭습니다.

"이는 그리스도 예수 안에 있는 생명의 성령의 법이 죄와 사망의 법에서 너를 해방하였음이라"(롬 8:2).

다시 말하면, 우리가 그리스도 예수 안에서 소유하게 된 생명을 주는 성령의 법이 오직 죄와 사망으로 이끌어 심판받게 하는 법을 만족시켰다는 말입니다.

"율법이 육신으로 말미암아 연약하여 할 수 없는(이 말은 곧 우리의 옛 본성으로는 율법이 명하는 것을 수행할 능력이 없다는 말입니다) 그것을 하나님은 하시나니, 곧 죄로 말미암아 자기 아들을 죄 있는 육신의 모양으로 보내어 육신에 죄를 정하사, 육신을 따르지 않고 그 영을 따라 행하는 우리에게 율법의 요구가 이루어지게 하려 하심이니라"(롬 8:3,4).

심판을 없애는 것은 법적인 속박을 푸는 것입니다. 그것은 사로잡혀 불안과 초조함에 빠지게 만들고 양심을 짓누르는 끔찍한 압박을 해결해 줍니다. 우리를 전혀 순종할 수 없고 거역하려는 자로 만들며 거룩을 가증스럽고 끔찍한 것으로 만들고 오직 미래의 재앙에 대한 두려움 때문에 복종하게 만드는 속박에서 벗어나게 합니다.

용서받지 못한 죄는 양심을 짓누르고, 죄인 위에 폭군으로 군림합니다. 한편 의롭지 못한 방법으로 용서받은 죄는 불완전하며 약하고 불확실한 구원에 지나지 않습니다. 오직 의롭게, 법적으로 죄 사함을 받을 때 죄가 지닌 모든 지배력이 사라집니다. 그리고 양심은 그 오랜 압박으로부터 벗어나 기쁨의 자유 속으로 나아갑니다. 하나님의 이런 용서하시는 사랑으로 말미암아 우리의 전 존재가 온화한 영향 아래 밝고 유쾌해집니다.

"겨울도 지나고 비도 그쳤고 지면에는 꽃이 피고 새가 노래할 때가 이르렀는데 비둘기의 소리가 우리 땅에 들리는구나"(아 2:11,12).

심판은 우리의 하늘을 어둡게 만드는 먹구름입니다. 반면 죄 사함은 구름을 흩뜨리고 눈부신 빛을 비추어 우리 안에서 모든 선한 것들이 자라고 익어 가게 만드는 햇살입니다.

심판은 죄가 더욱 깊숙이 뿌리를 내리도록 만듭니다. 아무리 큰 두려움도 악을 뿌리째 뽑아낼 수는 없습니다. 진노에 대한 두려움은 절대 우리를 거룩하게 만들 수 없습니다. 하나님의 은혜에 대한 어두운 불확신도 인간의 탐욕을 잠재울 수 없으며, 우리의 비뚤어진 의지를 바로잡을 수 없습니다. 오직 십자가의 값없는 죄 사함이 죄의 뿌리를 송두리째 뽑아 버리고, 죄의 모든 가지들을 말립니다. "그러므로 이제 그리스도 예수 안에 있는 자에게는 결코 정죄함이 없나니"(롬 8:1)라는 말씀은, 싫어하는 마음과 완고한 의지라는 치명적인 병에 효과적인 치료약입니다.

죄 사함을 받지 못했거나 그것을 확신하지 못하는 것은 의로우신 하나님을 대적하는 마음의 깊은 적의를 제거하는 데 커다란 장애물이 됩니다. 적의는 오직 사랑으로만 정복될 수 있습니다. 그 어떤 불안감이나 두려움도 인간의 완고한 반역의 마음을 무너뜨릴 수 없습니다. 위협은 마음을 정복하지 못하며, 금욕 행위는 확신이나 사랑을 이기지 못합니다. 믿음을 일깨우기 위해 율법을 의지하려는 사람들은 율법과 사랑 그 어느 것도 제대로 알지 못하는 자들입니다. 그들은 인간의 마음에 있는 의심이 어떻게 제거되고 어떻게 확신을 얻을 수 있는지도 이해하지 못하는 자들입니다. 하나님을 단순히 심판자나 율법을 세우신 분으로만 안다면, 그것은 사람의 마음을 끄는 어떠한 힘도 발휘할 수 없으며, 불신과 두려움을 내쫓을 어떠한 효력도 나타낼 수 없을 것입니다.

한편 "하나님은 사랑이시라"(요일 4:16)라는 말씀은 오랜 폭풍 속에서 두터운 구름을 뚫고 비치는 한 줄기 햇살과 같습니다. '이 사람을 힘입어 죄 사함을 전하는'(행 13:38 참고) 복된 소식은 죄수가 갇혀 있는 지하 감옥의 문이 열리는 것과도 같습니다. 속박이 떠나고 자유가 찾아옵니다. 의심이 물러가고 마음이 승리를 얻습니다.

"온전한 사랑이 두려움을 내쫓나니"(요일 4:18).

우리는 급히 달려가 우리를 사랑하시는 그분의 품에 안깁니다. 우리는 우리를 하나님과 갈라놓았던 것들을 미워합니다. 우리는 우리와 하나님 사이를 멀어지게 했던 모든 것들을 없애 버립니다. 우리는 하나님처럼 온전해지고 그분의 거룩하심에 참여하게 되기를 갈망합니다. 전에는 "신성한 성품에 참여하는 자"(벧후 1:4)가 되는 것이 그토록 싫었지만, 이제 그것은 가장 감사하고 즐거운 일이 되었습니다. 그리고 이제 탐욕으로 말미암아 이 세상에 들어온 모든 부패와 타락을 피할 수 있기를 가장 간절히 소망합니다.

우리는 겉으로는 거룩하게 보이지만 실제로는 절대 그렇지 않은 잘못된 변화들을 많이 겪습니다. 독이 있는 나무는 잎이 떨어지더라도 여전히 그 안에 독을 지니고 있습니다. 소돔의 바다는 햇살 아래에서 눈부시게 반짝여도 이전과 동일하게 짜고 쓴 바다입니다. 시간은 우리를 변하게는 하지만, 거룩하게 만들지는 못합니다. 수십 년의 세월은 우리를 변하게 하지만, 악의 권세를 소멸하지는 못합니다. 한 가지 탐욕이 다른 탐욕을 내쫓을 수도 있습니다. 잘못이 또 다른 잘못으로 이어지고, 실수가 다른 실수의 자리를 대신 차지하기도 합니다. 하나의 허영이 관 속에 들어가면 또 다른 허영이 새롭게 그 자리를 차지하고 들어섭니다. 한 가지 악한 습관이 이내 또 다른 악한 습관으로 바뀝니다. 그러나 우리의 오랜 자아는 여전히 동일한 모습으로 남아 있습니다. 아직 십자가가 소생시키는 능력으로 우리를 만지지 않았으며, 성령께서 우리의 존재와 삶의 내적 근원을 정결하게 하시지 않았기 때문입니다.[3]

유행은 우리를 변하게 합니다. 친구들도 우리를 변하게 합니다. 사회도 우리를 변하게 하며, 흥분도, 사업도, 사랑도 우리를 변하게 합니다. 슬픔도, 다가올 악에 대한 두려움도 우리를 변하게 합니다. 그러나 마음은 여전히 예전 그대로입니다. 우리의 인격이나 행동에서 일어나는 수많은 변화 중에서 우리를 속이는 것들은 너무나 많은 반면, 진실하고 깊은 것은 얼마나 적은지요! 오직 우리의 영적 존재의 가장 깊은 곳까지 내려갈 수 있는 것만이 무엇이든 변화라는 이름에 합당한 변화를 만들어 낼 수 있습니다.

오직 십자가만이 진정으로 우리를 변화시킵니다. 단 하나의 강력한 말씀은 "내가 땅에서 들리면 모든 사람을 내게로 이끌겠노라"(요 12:32)입니다. 우리의 모든 질병을 치료하시는 단 한 분의 의사는 바로 우리

---

[3] "거룩한 모든 생명과 그 모든 귀한 열매들, 즉 죄 사함과 평강과 거룩함은 십자가로부터 비롯됩니다. 죄 사함뿐만 아니라 거룩함도 오직 십자가의 보혈로부터 얻을 수 있습니다. 전적으로 십자가의 보혈로부터 비롯되지 않은 상상 속의 모든 거룩함은 바리새인들의 것과 다르지 않습니다. 거룩하고자 한다면 십자가로 달려가야 합니다. 그리고 그곳에 거해야 합니다. 그렇지 않으면, 우리는 우리의 모든 수고와 부지런함, 금식과 기도와 선한 행위에도 불구하고 십자가를 분명하게 바라봄으로써 얻게 되는 진정한 거룩함을 결코 이루지 못할 것이며, 겸손과 은혜로운 성정을 소유하지 못할 것입니다."
_베리지(Berridge)의 편지 중에서

를 위해 죽으신 그리스도입니다. 그리고 그분이 주시는 단 하나의 치료약은 모든 죄에서 우리를 깨끗하게 하는 주님의 보혈입니다. 우리를 기가 막힐 웅덩이와 수렁에서 끌어 올리실 수 있는 유일한 능력의 팔은 바로 '성결의 영'입니다(시 40:2 참고).

"또 그들을 위하여 내가 나를 거룩하게 하오니, 이는 그들도 진리로 거룩함을 얻게 하려 함이니이다"(요 17:19).

그리스도께서는 하나님 앞에 거룩하고 신성한 자로 나타나십니다. 그로 인하여 그분의 백성들이 그분의 신성함에 참여하고, 주님의 백성들이 그와 같은 자, 즉 하나님께 바쳐진 거룩한 성도이자 하나님을 위하여 피 뿌림을 통해 구별된 자가 됩니다. 그들이 성령의 능력으로 말미암아 진리를 통하여 거룩하게 됩니다.

"그가 거룩하게 된 자들을 한 번의 제사로 영원히 온전하게 하셨느니라"(히 10:14).

그러므로 양심에 관해서뿐만 아니라 개인적인 거룩함에 관해서도 성도들이 온전하게 되는 것은 단번에 드려진 제물 및 갈보리에서 성취된 단 하나의 사역에서 비롯됩니다.

"이 뜻을 따라 예수 그리스도의 몸을 단번에 드리심으로 말미암아 우리가 거룩함을 얻었노라"(히 10:10).

여기에서 성화는 그리스도의 몸으로 드린 제사와 다시 연결됩니다.

'부활의 권능'(빌 3:10)이 우리의 영적 여정에서 어떤 위치를 차지하든 우리가 의롭다하심을 얻고 정결하게 된 모든 충만함의 근원은 바로 십자가입니다. 믿는 자의 거룩한 삶의 비밀은 그가 보증자의 피를 끊임없이 기억하며, 십자가에 달리고 부활하신 주님과 날마다 교제하는 것입니다.

성경에는 교리나 성도의 삶에 대하여 언급하면서 우리에게 더 이상 그리스도의 보혈이 필요 없다거나, 우리의 모든 허물을 가리는 거룩의 옷을 벗어 버리고도 안전하게 거할 수 있다고 가르치는 부분이 단 한 곳도 없습니다. 우리가 언제든지 "나는 죄로부터 자유하다"라고 말할 수 있다고 할지라도, 이것이 우리가 참으로 거룩하다는 증거가 될 수는 없습니다. '만물보다 거짓되고 심히 부패한 것이 마음'(렘 17:9 참고)이기 때문이며, 비록 우리 눈에는 보이지 않을지라도 하나님 앞에서는 결코 숨길 수 없는 수만 가지의 죄들이 우리 안에 숨어 있기 때문입니다.

사도는 "내가 자책할 아무것도 깨닫지 못하나"(고전 4:4)라고 말합니다. 이 말은 곧 '나는 어떠한 잘못도 의식하지 않는다'는 의미입니다. 그는 계속해서 덧붙입니다.

"(그러나) 이로 말미암아 의롭다함을 얻지 못하노라"(고전 4:4).

이 말씀은 곧 '나 자신의 의식은 나의 죄 없음에 대하여 아무런 증거도 되지 못한다'는 말입니다. 왜냐하면 다만 나를 심판하실 이는 주이시기 때문입니다(고전 4:4 참고). 또한 우리 주님께서는 내가 스스로를 판단하지 않는 많은 것에 대해 나를 판단하실 수 있기 때문입니다.

자신이 죄 없는 상태에 이르렀다고 생각하는 사람에게 이렇게 말해 주고 싶습니다.

나의 친구여, 당신은 자신이 온전히 거룩하다는 것을 확신합니까? 절대적인 확신이 없다면, 당신은 절대 모든 죄로부터 자유롭게 되었다고 그토록 담대하게 공언하지 못할 것입니다. 당신은 온 마음과 영혼을 다하여 주 당신의 하나님을 사랑한다는 것을 확신합니까? 이것을 절대적으로 확신하지 못한다면, 당신에게는 "나는 온전히 거룩하다"라고 말할 권리가 없습니다. 만일 당신이 "나는 더 이상 보혈이 필요 없고 깨끗해지기 위해 샘으로 달려가지도 않겠다. 왜냐하면 내가 그곳으로 달려가는 것은 웃음거리만 될 것이기 때문이다"라고 자신 있게 공언한다면, 그것은 참으로 위험한 일일 것입니다. 십자가와 보혈과 샘물은 불완전한 자를 위한 것이지 완전한 자를 위한 것이 아니며, 불의한 자를 위한 것이지 의로운 자를 위한 것이 아닙니다. 그런데 만일 그러한 당신의 자기 인식이 올바르다면, 당신은 더 이상 불완전한 자나 불의한 자 가운데 있지 않기 때문입니다.

나의 친구여, 당신은 생각으로나 말로, 또는 갈망으로나 행동으로 절대 죄를 짓지 않습니까? 당신은 방황하고 표류하는 생각을 해 본 적이 전혀 없습니까? 당신의 마음은 당신이 바라는 대로 늘 따뜻하고, 당신의 사랑은 늘 그렇게 하늘의 사랑처럼 깊습니까? 아침부터 밤늦게까지, 그리고 밤부터 이른 아침까지 단 한 순간도 당신은 길을 잃고 방황한 적이 없습니까? 단 한 마디의 잘못된 말도, 단 한 번의 잘못된 눈짓도, 단 하나의 잘못된 말투도 없었습니까?

냉정하거나 열의가 부족하거나 열정이 시들거나 나태함을 탐닉한 적이 단 한 순간도 없습니까? 어떤 실수도(실수도 죄입니다), 어떤 잘못된 판단도, 어떤 분냄도, 어떤 부적절한 행동도, 어떤 불완전한 계획도 한 적이 없습니까? 모든 도발과 시련과 걱정과 적대감과 전염되기 쉬운 악으로 가득 찬 이 세상 가운데서 후회하거나, 말하지 않았거나 행동하지 않았더라면 좋았으리라고 바랐던 것이 전혀 없었단 말입니까?

당신은 이 모든 것들이 사실이라는 것을 확신합니까? 당신의 양심이 매우 온전하게 살아 있고 거룩하며 민감해서 당신의 마음 가장 구석진 곳에 있는 악이 가장 미약하게 표현될지라도 감지할 수 있다고 확신합니까? 그것을 온전히 확신합니까? 만일 그렇다면, 당신은 '모든 성도 중에 지극히 작은 자보다 더 작은 자'(엡 3:8 참고)보다 훨씬 뛰어난 사람이며, "내가 원하는 바 선은 행하지 아니하고 도리어 원하지 아니하는 바 악을 행하는도다"(롬 7:19)라고 말한 사람보다 훨씬 더 위대하고 특별한 사람입니다.

당신은 예수님을 믿은 지 몇 년 지나지 않았는데도 십자가로 달려가거나 깨끗하게 하심을 받기 위하여 보혈을 의지해야 할 필요를 느끼지 못하는 자가 될 것입니다. 제단과 놋그릇과 심판의 자리를 바라보면서 더 이상 그것들이 공급해 주는 것에 관심을 갖지 않는 자, 아니, 십자가에 달리신 그리스도는 과거의 존재요 지금은 죄를 지고 가시는 자나 대제사장이나 위로자나 중보자로서가 아니라 오직 동료나 친구로서만 그분이 필요한 자가 될 것입니다.

하나님께서 언제나 속히 일하시지는 않습니다. 하나님의 가장 위대한 사역은 천천히 일어납니다. 급속한 성장은 인간이 위대함을 평가하는 기준 가운데 하나였지 하나님의 것은 아니었습니다. 하나님의 나무는 천천히 자랍니다. 가장 울창하게 자라는 나무는 가장 천천히 자랍니다. 그분의 창조물은 해마다 조금씩, 천천히 자랍니다. 그분의 창조물 가운데 가장 귀한 존재인 인간은 이 모든 것 가운데 가장 천천히 자랍니다.

하나님은 시간을 천천히 사용하실 수 있습니다. 그러나 인간은 그렇지 못합니다. 인간은 급하고 참을성이 없습니다. 인간은 하나님이 요나를 위해 예비하신 박넝쿨처럼(욘 4:6 참고), 또는 마술사의 한마디 말이나 한 번의 발구름으로 모래 속에서 번쩍 하고 만들어지는 우화 속의 궁전처럼, 모든 것들이 빨리 자라기를 바랍니다. 인간은 종려나무와 삼나무가 얼마나 천천히, 얼마나 오랫동안 자라는지를 잊어버렸습니다. 그 나무들은 하룻밤 사이에 솟아나지도, 하룻밤 사이에 사라져 버리지도 않습니다. 인간은 성전의 역사를 잊어버렸습니다.

"이 성전은 사십육 년 동안에 지었거늘"(요 2:20).

사람들은 성도들이 거룩해지는 것이 하나님의 목적이므로 그들이 즉시 거룩해져야 한다고 고집합니다. 물론 우리는 온전함을 기준으로 삼고 온전해져야만 합니다. 이것은 진리입니다. 왜냐하면 우리가 따라야 할 본이 온전하신 분이기 때문입니다. 그러나 문제는 성경 어디에서 하나님께서 우리가 급속히 성장하고 빠르게 온전함에 이르도록 인도하셨느냐는 것입니다. 몇몇 사람들이 다른 사람들의 부족함과 연약함들을 보고 그들을 갓난아이나 게으른 사람으로 치부하며 무시하고, 자신이 빨리 성장한다고 영광을 취하려 하지만, 그것은 하나님의 뜻이 아닙니다.

언제나, 그리고 절대적으로 죄가 없으셨던 주님 외에 성경에 온전한 인간에 대한 예가 있습니까? 그리스도인들이 온전하다면, 전쟁과 대적과 칼과 방패는 왜 있습니까? 천사들이 이 세상에 내려와 전쟁을 했다는 이야기를 들어 보았습니까? 대적들과 수없이 싸워야 하는 것은 우리가 불완전하기 때문이 아닙니까? 성경 어디에서 사망이 우리를 자유롭게 할 때까지, 또는 우리 주님께서 다시 오실 때까지 '이 사망의 몸에서'(롬 7:24), 육과 영의 싸움에서, 통치자들과 권세들과의 씨름에서 우리가 이미 구원받았음을 믿으라고 말합니까?

우리는 다만 '거룩하신 소명으로 부르심'(딤후 1:9)을 받은 자들입니다. 그러하기에 우리는 가장 높은 기준을 우리 삶의 본으로 삼아야 합니다. 성장의 속도는 그 기준을 바꾸지 않으며, 그 기준을 따르려는 우리의 목표에 영향을 미치지도 않습니다.

이러한 성장은 빠르든 느리든 상관없이 우리가 받은 죄 사함과 성령께서 나누어 주시는 새로운 생명에서 비롯됩니다. 우리의 삶은 열매를 맺어야 합니다. 그리고 우리가 받아들여졌다는 확신, 곧 우리가 '사랑 가운데서 뿌리가 박히고 터가 굳어진'(엡 3:17 참고) 사람이라는 확신으로 말미암아 열매가 맺힙니다.

우리는 '여호와의 선하심'(시 34:8)을, 그분의 은혜 안에 생명이 있다는 것을, 주님을 기뻐하는 것이 우리의 힘이라는 것을 맛보아 압니다. 그렇게 우리는 한 단계에서 다음 단계로 계속 나아갑니다.

"하나님이 우리를 사랑하시는 사랑을 우리가 알고 믿었노니"(요일 4:16).

그리고 우리는 그 안에서 기쁨과 자유의 근원뿐만 아니라 선함의 근원을 발견합니다.

그렇다면 의롭다하심을 받은 사람의 삶은 어떠해야 합니까?

첫째, 의롭다하심을 받은 사람의 삶은 평안한 삶이어야 합니다. 우리는 믿음으로 의롭다하심을 받아 평강의 하나님이자 모든 은혜의 하나님이신 그분과 화평을 누립니다. 세상의 폭풍은 잠잠해지지 않았고, 우리가 걷는 길도 평탄해지지 않았으며, 우리의 하늘이 밝아지지도 않았고, 우리의 대적이 완전히 없어지지도 않았습니다. 그러나 하나님의 평강이 우리의 영혼에 들어와 우리의 영혼을 사로잡습니다. 그리고 우리는 힘을 얻고, 위로를 받습니다. 하나님께서 우리를 위하시는데, 누가 우리를 대적하겠습니까?(롬 8:31 참고) 주님의 이름은 우리의 견고한 망대입니다. 우리는 그곳으로 달려가 안전함을 얻습니다(잠 18:10 참고). 우리에게는 어떤 재앙도 임하지 않을 것이며(잠 12:21 참고), 우리를 치려고 만들어진 모든 연장이 쓸모없어질 것입니다(사 54:17 참고).

둘째, 의롭다하심을 받은 사람의 삶은 거룩한 삶이어야 합니다. 이전의 삶이 거룩하지 못했으므로 더욱 거룩한 삶을 살아야 합니다.

"너희 중에 이와 같은 자들이 있더니, 주 예수 그리스도의 이름과 우리 하나님의 성령 안에서 씻음과 거룩함과 의롭다하심을 받았느니라"(고전 6:11).

'많이 용서받은'(눅 7:47 참고) 자의 삶에서는 '거룩'이나 '거룩함' 같이 경이롭고도 신비로운 말들에 담긴 모든 것이 반드시 발견되어야 합니다. 가장 강력한 거룩의 샘은 "나도 너를 정죄하지 아니하노니 가서 다시는 죄를 범하지 말라"(요 8:11)라고 하신 주님의 말씀입니다. 하나님의 은혜 안으로 값없이 따뜻하게 받아들여진 것이야말로 인간으로 하여금 자신의 모든 허물을 아무런 대가 없이 용서해 주신 그분께 순복하고자 구하게 만드는 가장 강력한 동기입니다.

만일 아버지가 탕자를 집으로 들여보내 주기는 했지만 마지못해 차갑게 허락했다면, 그는 또다시 집을 나가 자신의 탐욕에 빠져 들었을지도 모릅니다. 그러나 뜨거운 입맞춤과 따뜻한 포옹, 가장 좋은 옷과 가락지와 신발, 살찐 송아지와 풍악과 춤추는 소리, 이 모든 것들이 단 한 순간의 망설임이나 지체함도 없이, 꾸중의 말 한 마디도 없이 주어졌습니다. 그리고 탕자는 과거의 부끄러움을 깨닫고 아버지에게 합당한, 그토록 관대한 용서하심에 합당한 삶을 살겠노라고 진심으로 결심할 수밖에 없었습니다(눅 15:20-25 참고). 아버지의 거룩한 팔이 사랑을 가득 담아 그의 몸을 감싸 안았을 때, '흥청거리는 잔치와 술자리, 가증스러운 우상 숭배'는 그에게 혐오스러운 것이 되었습니다. 생명나무의 열매를 맛본 사람은 정욕과 사치와 육신의 쾌락의 맛을 잃게 됩니다.

셋째, 의롭다하심을 받은 사람의 삶은 사랑하는 삶이어야 합니다. 의롭다하심을 받은 사람을 지금의 모습으로 만든 것은 사랑입니다. 그렇다면 그도 그 사랑을 돌려드려야 하지 않겠습니까? 그가 자신을 낳은

분을, 그리고 그분께서 낳으신 자를 사랑해야 하지 않겠습니까? 깊고도 진정한 사랑의 샘이 주님을 통해 우리에게 드러났습니다.

"이르시되, 빚 주는 사람에게 빚진 자가 둘이 있어 하나는 오백 데나리온을 졌고 하나는 오십 데나리온을 졌는데 갚을 것이 없으므로 둘 다 탕감하여 주었으니, 둘 중에 누가 그를 더 사랑하겠느냐?"(눅 7:41,42)

사랑은 또 다른 사랑을 낳습니다. 값없이 주어진 하나님의 사랑의 충만한 빛을 받은 사람의 삶은 반드시 사랑의 삶이 되어야 합니다. 불안과 의심, 공포와 어둠은 우리에게 고통을 주고 우리를 얼어붙게 만듭니다. 그러나 값없이 주신 즉각적인 사랑에 대한 확신은 그 얼어붙은 마음을 녹이고 차갑게 식은 영혼에 불을 지펴 사랑의 온기로 감쌉니다.

"우리가 사랑함은 그가 먼저 우리를 사랑하셨음이라"(요일 4:19).

하늘의 사랑이 우리에게로 흘러 들어올 때, 하나님을 향한 사랑과 형제자매를 향한 사랑, 세상을 향한 사랑이 우리 안에 샘솟습니다. 그 사랑으로 인해 악의와 분노와 질투와 시기가 치명적인 타격을 받습니다. 십자가의 못이 이 모든 것을 뚫고 지나갈 때, 그것들은 결코 치유될 수 없는 치명적인 상처를 입습니다. 그리스도의 소유가 된 자들은 자신의 육신을 그 욕망과 탐욕과 함께 십자가에 못 박았습니다. 완고함, 냉혹함, 거리감, 단절감이 관대함, 따뜻함, 정직함, 온유함, 열정, 오래 참음으로 바뀝니다. 이제 옛 자아의 기질들이 우리 곁을 떠납니다. 우리는 그 일이 어떻게 일어나는지 알지 못하지만, 대신 그 자리에 다음과 같은 것이 찾아옵니다.

"사랑은 오래 참고 사랑은 온유하며 시기하지 아니하며 사랑은 자랑하지 아니하며 교만하지 아니하며 무례히 행하지 아니하며 자기의 유익을 구하지 아니하며 성내지 아니하며 악한 것을 생각하지 아니하며, 불의를 기뻐하지 아니하며 진리와 함께 기뻐하고, 모든 것을 참으며 모든 것을 믿으며 모든 것을 바라며 모든 것을 견디느니라. 사랑은 언제까지나 떨어지지 아니하되 예언도 폐하고 방언도 그치고 지식도 폐하리라"(고전 13:4-8).

이처럼 의롭다하심을 받은 사람의 삶은 자애롭고 사랑이 넘치며 단순한 삶이어야 합니다. 그러한 사랑을 받은 사람의 삶은 온유하고 겸손한 삶이어야 합니다.

넷째, 의롭다하심을 받은 사람의 삶은 진지한 삶이어야 합니다. 의롭다하심을 받은 사람의 받아들여짐과 관련된 모든 것들이 하나님 편에서 진지하기 때문입니다. 그가 믿자마자 누리게 된 값없는 죄 사함은 그에게 용기와 힘과 생기를 불어넣어 줍니다. 그것은 용기와 담대함과 인내의 샘입니다. 그것은 겁쟁이를 용감하게 만듭니다. 그것은 연약한 자에게 "강하라"라고 말하고, 나태한 자에게 "일어나라"라고 말합니다. 또한 용서받은 자로 하여금 위험과 수고와 손해에 당당히 맞서게 하며, 새로운 힘으로 무장시키고, 확실한 승리의 관을 씌워 줍니다.

그의 표어는 "항상 사용할 준비를 하고, 또 항상 사용될 준비를 하라"입니다. 그리고 그의 구호는 "나는 빚진 자이다"입니다(롬 8:12 참고). 그는 무엇보다도 먼저 그를 용서하신 분에게 빚진 자이며, 그와 동일한 피로 구속받고 동일한 성령으로 충만해진 하나님의 교회에 빚진 자입니다. 그리고 여전히 죄 속에서 웅크린 채 수많은 슬픔과 고통으로 몸부림치고 있는, 그를 둘러싼 이 세상, 곧 어떤 위로도 없고 종말에 아무런 소망도 없는 세상에 대하여 빚진 자입니다.

이렇게 아무 값없이 죄 사함 받은 사람의 삶은 얼마나 철저히 진지해야 하겠습니까! 실상 그것은 자기 목숨을 많은 사람의 대속물로 주신 분이 엄청난 대가를 치른 죄 사함입니다(마 20:28 참고).

다섯째, 의롭다하심을 받은 사람의 삶은 자비로운 삶이어야 합니다. 칭의와 관련된 모든 것들이 하나님 편에서 베푸신 무한한 자비하심이기 때문입니다.

"자기 아들을 아끼지 아니하시고 우리 모든 사람을 위하여 내주신 이가 어찌 그 아들과 함께 모든 것을 우리에게 주시지 아니하겠느냐?"(롬 8:32)

하나님의 사랑은 가장 넓고도 자유로운 사랑입니다. 그런데 이것이 우리를 자비롭게 만들 수 없겠습니까? 하나님의 모든 선물은 한계가 없습니다. 그런데 이처럼 무한한 자유가 우리를 가장 높고 진실한 의미에서 자유롭게 만들 수 없겠습니까? 의롭다하심을 받은 사람이 어떻게 탐욕스러우며, 자기의 재물을 나누어 주는 일에 더딜 수 있겠습니까?

하나님께서는 자신의 아들을 내주셨습니다. 그분께서는 자신의 영을 주셨습니다. 그분께서는 우리에게 영원한 생명을 주시고, 영원한 나라를 주셨습니다. 그런데 이 모든 선물들이 우리에게 아무 말도 하지 않는다는 말입니까? 그것이 우리의 마음을 넓히고 높여 주지 않는다는 말입니까? 그것이 우리의 마음을 이전과 다를 바 없이 좁고 웅크린 상태로 내버려 둔다는 말입니까?

분명 우리는 고매한 삶을 살도록 부르심을 받았습니다. 보통 사람들의 삶과는 비교할 수 없을 정도로 높고 품위 있는 삶을 살도록 부르심을 받았습니다. 그것은 하나님의 관대하심을 믿지 못하고 끊임없이 자신의 공로로 그분의 은혜를 얻으려고 애쓰는 사람들, 자신의 도덕적인 선행이나 의식적인 행위들을 통해 하나님의 나라를 얻으려고 애쓰는 사람들의 삶과는 비교할 수도 없습니다. 우리는 그저 이타적인 삶이 아니라 자기를 부인하는 삶을 살도록 부르심을 받았습니다. 우리는 자신의 즐거움이나 다른 사람들의 즐거움, 또는 육체의 즐거움이나 세상의 쾌락을 따르는 자가 아니라 에녹처럼 하나님을 기쁘시게 하는 자로(히 11:5 참고), 아니, 에녹보다 더 위대한 자로 살도록 부르심을 받았습니다. 성경에는 이렇게 기록되어 있습니다.

"그리스도께서도 자기를 기쁘게 하지 아니하셨나니, 기록된 바 주를 비방하는 자들의 비방이 내게 미쳤나이다 함과 같으니라"(롬 15:3).

우리는 덕을 세우고 그리스도의 몸을 세워야 합니다.

"믿음이 강한 우리는 마땅히 믿음이 약한 자의 약점을 담당하고 자기를 기쁘게 하지 아니할 것이라. 우리 각 사람이 이웃을 기쁘게 하되 선을 이루고 덕을 세우도록 할지니라"(롬 15:1,2).

어느 시대든 이기심과 자만과 자기 추구는 하나님의 교회를 따라다니는 추문들이었습니다. 빌립보교회에 대해 사도는 슬프게도 "그들이 다 자기 일을 구하고 그리스도 예수의 일을 구하지 아니하되"(빌 2:21)

라고 증언합니다. 초대 교회에서도 그런 일이 일어났던 것입니다. 믿은 자들에게조차 하나님의 놀라운 사랑이 거의 선포되지 못했습니다. 인간의 마음은 너무나 강퍅하고 완고했으며, 도저히 저항할 수 없다고 생각하는 영향력에도 굴복하기를 아주 싫어했습니다. 그러나 따뜻한 마음으로 사랑하고 후히 주며 진실하게 마음을 나누고 헌신적으로 돕는 것, 이것이야말로 '지식에 넘치는 그리스도의 사랑'(엡 3:18)의 믿음에서 기대되는 고상한 열매들입니다.

그리스도께서는 우리를 위해 대신 죽으셨으며 지금은 보좌에 앉아 우리를 대표하고 계십니다. 그러므로 우리는 자기희생을 너무나 어렵고 대단한 것으로 보아서는 안 됩니다. 그토록 값없는 사랑을 받고 넘치도록 큰 용서를 받고 영원한 복을 받은 자들에게서는 당연히 자비로운 행동과 선물과 말이 나타나야 합니다. 인색한 마음은 적은 죄 사함과 불확실한 은혜의 열매입니다. 빈약한 선물은 인색하고 박하게 받는 것의 열매입니다. 반면 넓은 마음과 넉넉하고도 풍성한 베풂은 하나님의 무한한 관대하심으로 인해 '측량할 수 없는 그리스도의 풍성함'(엡 3:8)에 참여하고 결코 흔들리지 않는 하나님의 나라를 상속으로 받게 된 이들에게서 확실히 찾아볼 수 있는 열매입니다.

여섯째, 의롭다하심을 받은 사람의 삶은 높은 것을 사모하는 삶이어야 합니다. 인색하고 천박하고 세상적인 것은 용서받은 사람의 모습이 아닙니다. 용서받은 사람은 마음을 위에 두고 독수리처럼 날아올라야 합니다.

"또 함께 일으키사 그리스도 예수 안에서 함께 하늘에 앉히시니"(엡 2:6).

"우리의 시민권은 하늘에 있는지라. 거기로부터 구원하는 자, 곧 주 예수 그리스도를 기다리노니"(빌 3:20).

그들은 그들을 위하여 거처를 예비하러 가신 주님이 돌아와 베풀어 주실 하늘의 것, 이 땅의 것이 아닌 하늘의 보상을 기대합니다. 십자가 위에서 대속자가 되어 주셨을 뿐만 아니라 보좌에서 그들을 대표하고 계신 그리스도, 휘장 안으로 들어가시사 살아 계셔서 우리를 위해 중보하고 계신 그리스도, 우리보다 앞서 달려가신 그리스도로 말미암아 높은 생각, 높은 목표, 높은 갈망들이 그들의 것이 됩니다.

값없이 의롭다하심을 얻은 자가 어떻게 티끌 속에 엎드려 오염된 더러운 흙 위를 기어다닐 수 있겠습니까? 그가 받은 의가 그의 소망이나 취향이나 일이나 그의 매일의 소명 가운데 그를 초인간적인 인격으로 끌어올리는 원천이 될 수 없다는 말입니까? 그 의가 그의 전 인격에 역사하여 전 생애를 좌우할 수 없다는 말입니까? 그 의가 그를 모든 일에 일관된 사람으로 만들고, 그의 전 인격이 총체적인 기독교 신앙과 조화를 이루도록 만들 수 없다는 말입니까?

일곱째, 의롭다하심을 받은 사람의 삶은 결단의 삶이어야 합니다. 의롭다하심을 받은 사람은 선과 악 사이에서, 그리스도와 세상 사이에서 흔들리지 않습니다. 그와 모든 악한 것들 사이에 의롭게 하는 십자가가 들어와 그를 죄의 짐으로부터 풀어 주고, 그를 묶고 있던 죄의 속박을 깨뜨렸습니다. 그가 자신이 떠나온 나라로 다시 돌아갈 수 있을 것 같다고 느낄 때면 어김없이 십자가가 그 앞에 서서 뒷걸음질치려는 그의 발목을 붙잡습니다. 그와 애굽 사이에는 도저히 건널 수 없는 홍해가 거칠게 몸부림치며 넘실거리고 있습니다. 십자가가 극장이나 무도회나 연회장 문 앞에 서서 그가 들어가려는 것을 막습니다.

구원의 십자가로 말미암아 세상은 그에 대하여 십자가에 못 박혔고, 그는 세상에 대하여 못 박혔습니다. 십자가를 처음 보자마자 그는 십자가에 사로잡혔습니다. 그는 이미 그 길을 떠났고, 다시는 되돌아갈 수 없습니다. 되돌아가는 것은 참으로 위험하고도 어리석은 일입니다. 지금 이 순간부터 그에게 실수라는 것은 없습니다. 그의 마음은 이제 더 이상 나누어지지 않으며, 그의 눈은 더 이상 헤매지 않습니다. 그는 자기 십자가를 지고 어린양을 따라갑니다. 그는 좁은 문으로 들어가 좁은 길을 따라 걷습니다. 그 문에는 그가 되돌아가지 못하도록 십자가가 서 있습니다. 그가 들어가는 문 위에는 천국의 기쁨이 있습니다. 그런데도 그가 과거의 모습으로 돌아가 그 기쁨을 슬픔으로 바꾸려고 하겠습니까?

여덟째, 의롭다하심을 받은 사람의 삶은 쓰임 받는 삶이어야 합니다. 의롭다하심을 받은 사람은 십자가의 그림자를 자기 위에 드리우신 분의 증인이 되었습니다. 그는 죄의 쓰디쓴 고통이 어떠한지, 죄의 짐이 어떠한지를 말할 수 있습니다. 그는 이미 죽었던 자기 영혼의 무덤으로부터 돌이 굴려지고 천사가 그 돌 위에 찬란한 옷을 입고 앉아 있는 것에 대해 말할 수 있습니다. 그는 자기가 발견한 의를, 그리고 자신을 자유와 기쁨으로 이끈 의를 전할 수 있습니다. 마음의 풍성함과 자유롭게 된 영혼의 충만함으로 그의 입은 말합니다. 그는 다른 사람들에게 '와서 그 충만함을 함께 나누자'고 권하기 위해 지금 자신이 소유하고 있는 것들에 대하여 말하지 않을 수 없습니다.

그는 선한 일을 하고자 합니다. 그에게는 낭비할 시간이 없습니다. 그는 시간이 너무나 짧다는 것을 알고 있습니다. 그래서 때를 아끼기로 결심합니다. 그는 그토록 값비싼 대가를 치르고 얻은 인생을 허비하지 않습니다. 그의 인생은 이제 그의 것이 아닙니다. 그러므로 그는 날마다 자기 삶에 주어진 책임을 반드시 마음속에 새겨야만 합니다. 진정한 빛이 없는 이 세상의 빛으로서, 그는 그 빛을 거부하는 영혼 안에서 이 세상의 어둠을 몰아내고 하늘의 빛을 밝히기 위해 항상 밝은 빛을 발해야 합니다. 하늘의 씨를 뿌리는 자로서, 그는 결코 나태해서는 안 됩니다. 때를 얻든지 못 얻든지, 연약하게 씨를 뿌리든지 눈물로 씨를 뿌리든지, 그는 씨를 뿌릴 기회를 찾고 만들어 가야 합니다(딤후 4:2 참고).

아홉째, 의롭다하심을 받은 사람의 삶은 지혜와 진리의 삶이어야 합니다. 의롭다하심을 받은 사람은 '그리스도 안에서 지혜로운'(고전 4:10 참고) 사람입니다. 그리스도께서 그에게 의로움이 되셨을 뿐만 아니라 지혜가 되셨습니다(고전 1:30 참고). 그래서 그는 '구원에 이르는 지혜'(딤후 3:15)요 구원하는 진리를 단단히 붙잡아야 한다고 느낍니다. 이 진리를 가볍게 여기거나 잘못된 것을 가지고 장난하는 것은 곧 십자가를 부인하는 것입니다.

그를 의롭다 하신 분이 바로 진리이십니다. 그리고 그 진리를 받는 모든 사람들은 그것을 전하는 증인이 되어야 합니다. 그 진리로 말미암아 그가 구원을 받았습니다. 그 진리로 말미암아 그가 자유를 얻었습니다. 그 진리로 말미암아 그가 깨끗하게 되었으며, 그 진리로 말미암아 그가 거룩하게 되었습니다. 그러므로 그에게는 아주 작은 진리 하나까지도 매우 소중합니다. 깨진 조각 하나하나가 그의 영적 건강에 너무나 커다란 손실이 됩니다. 부요한 진리의 들판에서 얻은 새로운 발견 하나하나가 너무나 커다란 영원한 소득이 됩니다. 그는 값을 주고 진리를 샀으며, 결코 그것을 팔지 않을 것입니다. 그것은 곧 그의 인생입니다. 그것은 곧 그의 유업입니다. 그것은 곧 그의 나라입니다.

그는 모든 진리를 귀하게 여기고, 모든 오류들을 가증스럽게 여깁니다. 그는 진리의 기초를 허물고 그 크고도 넓은 궁전을 인간의 사색이라는 혼돈의 자리로 바꾸려는 불신을 미워합니다. 그는 진리를 진부하다거나 시대착오적인 것으로 치부하지 않습니다. 왜냐하면 자신이 영원히 의지하는 진리가 오래된 것들 중에서 가장 오래된 것이요 확실한 것 중에서 가장 확실하고도 분명한 것임을 알기 때문입니다.

굳건히 믿고 서 있는 유일한 희생에 대하여 의심하기 시작하는 것은 갈보리의 십자가를 흔드는 일입니다. 이미 세워진 것 외에 다른 기초를 놓는 것은 자신의 단 하나뿐인 소망을 파괴하는 것입니다. 보혈로부터 희생의 요소를 제거하는 것은 하나님과 화평하지 못하게 만드는 불의함입니다. 그리스도를 교회로 대체하거나, 죄 사함의 선포를 사제나 신부로 대체하거나, 보혈을 종교 의식으로 대체하거나, 보좌에 계신 살아 계신 그리스도를 성례식으로 대체하거나, 성령의 계시를 교회의 가르침으로 대체하려는 것은 모두 빛을 어둠으로 바꾸고 그 어둠을 빛이라고 부르는 악한 행위입니다.

그러므로 의롭다하심을 받은 사람은 자신을 십자가로 인도하신 성령의 가르침을 통하여 진리와 거짓을 분별하는 법을 배웁니다.

"너희는 거룩하신 자에게서 기름 부음을 받고 모든 것을 아느니라"(요일 2:20).

"오직 그의 기름 부음이 모든 것을 너희에게 가르치며, 또 참되고 거짓이 없으니"(요일 2:27).

"사랑하는 자들아, 영을 다 믿지 말고 오직 영들이 하나님께 속하였나 분별하라"(요일 4:1).

진리와 거짓의 차이에 민감하지 못한 것은 오늘날 개신교도들의 악한 특징 가운데 하나입니다. 낭랑하게 울려 퍼지는 듣기 좋은 말, 잘 그린 그림, 그럴싸한 거짓 논리, 이 모든 것들은 많은 사람들을 몰고 다닙니다. 그러므로 복음과 복음이 아닌 것을 구별하는 것은 매우 명확하고도 중요한 일입니다. 그런데도 많은 사람들은 값없이 주어진 복음이 담긴 설교에서 멀어지려고 하며, 설교에 복음이 없는 것도 알아채지 못하고서 설교자를 칭찬합니다.

최근 몇 년간의 회심은 다른 시대에 나타난 회심의 깊이를 따라가지 못합니다. 양심은 반은 깨어 있지만, 반은 잠자고 있습니다. 상처는 조금만 드러나 조금만 치유받습니다. 그래서 진리와 거짓에 관한 영적 분별력이 결핍되고, 양심이 민감하지를 않습니다. 만일 양심이 민감하게 깨어 있다면, 아무리 그럴싸한 논리로 포장되어 있다고 할지라도 실상 그리스도 안에서 하나님의 사랑으로 값없이 주어진 복음을 침식하는 모든 말과, 죄인과 십자가 사이를 가로막는 모든 장애물을 단번에 거부하고 그에 대해 분노했을 것입니다. 그리고 십자가가 우리를 어떻게 구원해 주고 우리를 어떻게 깨끗하게 하는지는 말하지 않고서 그저 십자가에 대해서만 열렬히 말하는 것에 대해서도 곧장 거부하고 분노했을 것입니다.

우리에게는 민감하고도 건강한 양심이 필요합니다. 그것은 우리를 믿음에 늘 견고하게 붙어 있게 합니다. 또한 사도의 말처럼 우리의 영적인 안목이 늘 건강하도록 보호해 줍니다.

"이런 것이 없는 자는 맹인이라. 멀리 보지 못하고 그의 옛 죄가 깨끗하게 된 것을 잊었느니라"(벧후 1:9).

단순히 예민한 것과 민감한 영적 분별력은 완전히 다릅니다. 우리가 전자를 피하기 위해 후자를 포기할 필요는 없습니다. 오늘날의 '자유주의'는 철학이나 과학에 의해 믿을 만하다고 선포된 것이나 '증명력'에 의해 사실이라고 평가받은 것들을 제외하고는 문화의 시대에 받을 만한 것이 전혀 없다고 말하며, 잘못과 거짓에 관대해지도록 부추깁니다. 그리고 성경의 어떤 진리를 끝까지 고집하는 것을 진부한 것인 양 치부합니다. 그러나 우리는 영적 분별력을 포기해서는 안 됩니다.

열째, 의롭다하심을 받은 사람의 삶은 찬양과 기도의 삶이어야 합니다. 의롭다하심은 사람을 하나님께로 가까이 이끕니다. 그것은 그의 입술을 열고, 마음의 지경을 넓힙니다. 따라서 그는 찬양하고 기도하지 않을 수 없습니다. 그에게는 간구할 수천수만 가지의 기도 제목들이 생겨납니다. 그리고 "시와 찬송과 신령한 노래를 부르며 감사하는 마음으로 하나님을 찬양하고"(골 3:16)라는 말씀의 의미를 알게 됩니다.

열한째, 의롭다하심을 받은 사람의 삶은 늘 깨어 있는 삶이어야 합니다. 죄 사함은 그의 모든 상황과 소망을 바꾸어 놓습니다. 그것은 이전에 친숙했던 것들에 대해 문을 닫고, 알지 못했던 것들을 알려 주는 새로운 세상으로 그를 인도합니다. 그는 전에는 한 번도 보거나 듣지 못했던 것들을 보고 듣습니다. 그리고 바로 얼마 전까지만 해도 그에게 기쁨을 주었던 것들을 보고 듣기를 그만둡니다. 그는 이전의 것들에게서 더 이상 만족을 얻지 못합니다. 그는 변화를 기대하고, 다가올 것들을 소망합니다. 현재가 작아지고, 미래가 더욱 많은 부분을 차지합니다. 그리고 그 미래 속에서 무엇보다도 그의 마음을 빼앗는 것은 바로 그가 보지 못하였으나 한없이 사랑하는 주님이 다시 오신다는 사실입니다.

어느 정도의 과학적, 정치적 발전을 제외하고는 미래는 현재의 단순한 반복이라는 것이 세상의 지배적인 생각입니다. 그러나 십자가와 이어짐으로써 새로운 자리로 옮겨진 사람은 그런 생각에 결코 만족할 수 없습니다. 그는 더 나은 미래를 원하고, 마음에 더욱 맞는 세상이 되기를 꿈꿉니다. 그는 자신에게 새로운 사랑이 되신 분이 전부가 되는 삶을 갈망합니다. 그리고 그런 새로운 상태를 기대해야 하며 그리스도께서 그 새로운 상태의 처음과 나중이 되셔야만 한다는 것을 말씀으로부터 배우고, 이러한 소망이 성취되기를 간절히 고대합니다.

더욱이 왕과 그분의 나라가 갑작스럽게 오리라는 것을 배우면서 그는 깨어 기다립니다. 날마다 변화하는 이 세상의 역사와 그 소음과 흥청거림 속에서 이곳에 있는 모든 것들이 그를 무방비 상태로 만들 수도 있기 때문에 더욱 깨어 있어야 합니다. 그가 받은 칭의는 결코 그를 안심시켜 잠들게 하지 않습니다. 그의 믿음은 그를 미래에 대해 아무런 주의도 기울이지 않는 사람으로 만들지 않습니다.

"믿음은 바라는 것들의 실상이요, 보이지 않는 것들의 증거니"(히 11:1).

"그러므로 우리는 다른 이들과 같이 자지 말고 오직 깨어 정신을 차릴지라"(살전 5:6).

"그런즉 깨어 있으라. 너희는 그날과 그때를 알지 못하느니라"(마 25:13).

교회에는 줄곧 깨어 경계하지 못하도록 방해하는 많은 시험들이 있었으며, 교회는 그 믿음의 시련을 견뎌 내야 했습니다. 교회는 결코 낙담하거나 포기하지 않았습니다. 다음과 같은 약속의 말씀을 기억하기 때문입니다.

"잠시 잠깐 후면 오실 이가 오시리니, 지체하지 아니하시리라"(히 10:37).

믿음은 교회로 하여금 밤새 깨어 기도하게 만들고, 그 기도는 교회의 믿음에 힘을 더해 줍니다. 가장 짙은 어둠 속에서 믿음이 말합니다.

"나는 내 사랑하는 자에게 속하였고, 내 사랑하는 자는 내게 속하였으며"(아 6:3).

그리고 소망이 이렇게 덧붙입니다.

"내 사랑하는 자야, 너는 빨리 달리라. 향기로운 산 위에 있는 노루와도 같고 어린 사슴과도 같아라"(아 8:14).

현재의 악으로부터 정결함을 지키고 앞으로의 악에 물들지 않기 위해서, 교회는 현재의 악과 앞으로 다가올 악에 대해 경계를 게을리 하지 않습니다. 적이 보내는 위협과 그 위협으로부터 승리하리라는 예견은 교회를 늘 깨어 있게 만듭니다. 십자가를 잃어버리고 또다시 어둠 속에서 헤매지 않도록 주의하십시오. 이 세상의 선한 것과 악한 것 모두에 대한 의심, 곧 세상의 감언이설(甘言利說)과 위협, 수고와 관심, 흥미거리와 즐거움이 교회로 하여금 늘 깨어 경계하도록 만듭니다. 또한 교회가 항상 그 옷을 흠 없이 유지하고 양심을 깨끗하게 유지하는지에 대한 염려, 수많은 영혼들이 잠자고 있는 광경, 그리고 바로 그처럼 잠자고 있는 세상에 주님께서 오시리라는 것을 아는 지식들이 자극제가 되어 교회로 하여금 늘 깨어 경계하도록 만듭니다.

늘 깨어 있지 않으면, 밤중에 소리가 났을 때 기름이 없어 꺼져 가는 등불을 들고 있는 미련한 다섯 처녀 가운데 한 명이 되어 미처 준비되지 못한 자로 닫혀 있는 혼인 잔치의 문 앞에 이르러 "어린양의 혼인 기약이 이르렀고 그의 아내가 자신을 준비하였으므로"(계 19:7)라는 선포를 듣습니다(마 25:1-10 참고). 잔치에 초대를 받고서도 예복을 준비하지 못해 들어가지 못합니다. 사랑했으나 그 사랑으로부터 떨어집니다. 그러하기에 의롭다하심을 받은 사람으로서 깨어 있어야 합니다.

칼을 뽑아 들었으나 마음이 약해 그것을 칼집에 도로 집어넣습니다. 처음 얼마 동안 잘 달리지만, 점점 속도가 느려집니다. 어둠의 주관자인 사탄과 대적하여 싸웠으나 그를 광명의 천사로 여기고 맙니다(고후 11:14 참고). 세상을 심판하는 일을 시작하였으나 곧 세상과 타협하여 한데 뒤섞입니다. 데마처럼 성도들 가운데로 들어갔으나 세상을 사랑하여 그들을 버리고 떠납니다(딤후 4:10 참고). 한때 열두 제자 중 하나였으나 결국 배반자가 되어 버립니다(눅 6:16 참고). 그러하기에 의롭다하심을 받은 사람들은 깨어 있어야 합니다.

가버나움처럼 하늘에까지 높아졌으나 나중에는 음부에까지 낮아지고(마 11:23 참고) 빛의 자녀 가운데 있었으나 아침의 아들 계명성처럼 하늘에서 떨어집니다(사 14:12 참고). 주님과 함께 다락방에 앉아 있었으나 나중에는 입맞춤으로 인자를 배반하고(마 26:20, 48, 49 참고), 선한 고백의 아름다운 옷을 입고 있었으나 부끄러움 속에서 벌거벗은 채 돌아다닙니다(계 16:15 참고). 그러하기에 의롭다하심을 받은 사람은 계속해서 깨어 있어야 합니다.

"그가 사랑하시는 자 안에서 우리에게 거저 주시는 바"(엡 1:6) "하나님의 영광을 바라고 즐거워하느니라"(롬 5:2)라는 말씀이 무엇을 의미하는지를 알지 못하는 사람들은 잠이 들고 말 것입니다. 그러나 이 말씀의 의미를 아는 사람은 감히 잠들지 못합니다. 의롭다하심을 받은 사람은 자신이 어떤 위험에 처해 있는지를 알고 있습니다. 그리고 한순간의 방심으로 얼마나 큰 대가를 치르게 되는지도 알고 있습니다. 그러므로 의롭다하심을 받은 사람은 늘 깨어 있어야만 합니다. 그는 마약에 빠져 "나는 안전하다. 나는 내가 원하는 대로 잠을 잘 수도 있고 깨어 있을 수도 있다"라고 말하는 사람이 아닙니다. 의롭다하심을 받은 사람은 이렇게 말합니다.

"나는 안전하다. 그러나 이것은 오히려 나를 구원하신 그분을 욕되게 하지 않기 위하여 나로 하여금 더욱 깨어 있게 만든다. 비록 궁극적으로는 떨어지지 않는다고 할지라도, 단 하루 동안의 나태함만으로도 나는 얼마나 많은 것들을 잃어야 하는가! 그러나 또한 나는 다시 오실 주님을 기대하며, 내가 명령받은 이 경계의 태도를 유지함으로써 얼마나 많은 것들을 얻는가! '깨어 있는 자가 복이 있도다'(계 16:15 참고). 비록 내가 그 이유를 알 수 없다 할지라도, 나는 내가 받은 약속의 복을 발견하기 위하여 그 명령을 따라 행할 것이다. 나에게 깨어 있으라고 명하신 분께서 나를 그 기쁨에 참여하는 자로 만드실 수 있기 때문이다. 나의 망대가 아무리 고독하고 어두워 보인다고 할지라도, 그리스도 예수께서 그것을 하나님의 전으로, 천국의 문으로 만드실 수 있기 때문이다."

옮긴이 신호섭 목사는 경희사이버대학교 국제학부(B.A.)를 거쳐 고려신학교 신학원(M.Div.)을 졸업했으며, 영국에서 London Theological Seminary를 졸업하고 미국 Westminster 신학대학원에서 싱클레어 퍼거슨 교수의 지도 아래 'The Imputation of Christ's Active Obedience in Puritan Theology'라는 제하의 논문으로 역사신학(Th.M.)을 졸업했으며, 미국 Reformed 신학대학원에서 철학박사(Ph.D) 과정을 졸업하였습니다. 현재 고려신학교 조직신학 교수로 재직 중입니다. 대표 역서로는 『칭의 교리의 진수』, 『성령의 사역, 회심과 부흥』, 『로이드 존스 앤솔러지』, 『칼빈주의』, 『오직 그리스도 안에서』 등이 있습니다.

송용자는 서울대 영어영문학과를 졸업하고 필리핀 C.C.C에서 언어 및 선교 훈련을 받았으며, 현재 번역가로 활동하고 있습니다. 대표 역서로는 『스펄전의 부흥 열망』, 『십자가, 승리의 복음—스펄전의 이사야서 53장 강론』, 『회심을 위한 불같은 외침』, 『아이들의 회심 이야기』, 『사무엘 루터포드』, 『하웰 해리스』, 『만입의 고백 찬양』 등이 있습니다.

스코틀랜드 P&R 시리즈 3
영원한 의

지은이 | 호라티우스 보나르
옮긴이 | 신호섭, 송용자
펴낸곳 | 지평서원
펴낸이 | 박명규
편 집 | 정 은, 이윤경, 김정은
마케팅 | 전두표
펴낸날 | 2003년 4월 10일 초판
　　　　2013년 2월 13일 개정역판 1쇄
서울 강남구 역삼동 684-26 지평빌딩 135-916
☎ 538-9640,1 Fax. 538-9642
등 록 | 1978. 3. 22. 제 1-129

값 10,000원
ISBN 978-89-6497-031-7-94230
ISBN 978-89-86681-74-1(세트)

메일주소　jipyung@jpbook.kr
홈페이지　www.jpbook.kr
페이스북　www.facebook.com/jipyung
트 위 터　@_jipyung